欧州福祉国家の
自由・平等教育

オランダ、デンマーク、フィンランドの
歴史と実践に学ぶ

成清美治

明石書店

はじめに

　オランダ、デンマーク、フィンランド等の国々の教育は自由・平等・民主主義を基本とした教育体制を実現している。そこで本書では、如何にしてこれらの国々が教育の自由・平等を獲得、持続してきたのかを考察する。

　オランダは、かつて「オランダ病」といわれる経済的危機をオランダモデル（＝社会保障改革と雇用の柔軟性）によって乗り超え、今日教育の自由の旗印のもと多様化の一環としてオールタナティブ教育を各小学校で実施している。そこで如何にしてオランダは「教育の自由」を確立してきたのかを探究するため自由思想の源流を構築したスピノザ、エラスムス、グロティウス等の啓蒙思想家の思想的特徴を考察した。また、オランダ教育の歴史的経緯並びにオランダの学校制度を明らかにすると同時にオランダ教育の特質であるオールタナティブ教育の現状について明らかにした。そして、リートタッカー小学校の視察を通して、自由・平等教育を実践している当校の教育内容・学校運営の特徴を紹介する。

　また、デンマークの自由・平等教育の礎を築いたのがＮ・Ｆ・Ｓ・グルントヴィ（Nikolaj Founder Severin Grundvig）で、その理念を生かしたのがホルケホイスコーレ（国民高等学校）の誕生であり、その考えを継承、実践したのがクリスチャン・コル（Christen Kold）であった。本書ではグルントヴィを取り上げその思想と業績を明らかにした。彼の思想は教育だけでなく、福祉国家構想の実現性を示唆したと言える。彼は国民高等学校の構想に大いなる影響を与えており、今日のデンマークにおいて自由思想のもと多数の国民高等学校が存立しているが、この学校の構想がデンマークの国民学校構想に継承された。デンマークの教育は社会福祉国家のもとで実践されているが、フィンランドに比較してGDPにおける教育費の支出が多いのにもかかわらずPISA（学習到達度調査）の成績が芳しくないこともあって、2014年に「国民学校法」改正があっ

た。この国民学校の改正によるデンマークの教育の変容について明らかにした。

　また、農場のある幼稚園（キャプタインゴーン）の視察では各園児たちが自由でのびのびした環境のもとで園の生活を満喫した様子を観察することができた。或いは、ニヴォー学校（中学校）の授業視察にて自由を育む教育の場面を視察した。

　そして、PISAの結果で世界的に注目を浴びたフィンランド教育に関して、同国の教育においてどのように自由と平等を形成していくのかを明らかにした。また、フィンランドの職業教育の概要と同国の職業教育学校でのラヒホイタヤ（保健・医療共通職）の養成課程を通じてフィンランドの専門教育のあり方を明らかにする。また、ニッティクム小学校の視察を通じて同校の教育環境・教育力の高さを実感したのであった。

　結論として本書を通じてオランダ、デンマーク、フィンランドの子どもたちが幼稚園教育並びに基礎課程教育（小学校・中学校）を通じて、自由・平等教育を日々享受し、常態化しているのを目の当たりにしたが、今回の考察、視察を通じて、我が国の教育のあり方も旧態依然とした「教える授業」（画一的一斉授業）から脱皮し、「考える教育」（＝対話形式教育）へ転換する必要があると考える。このことが、授業や学校体験・生活体験を通じて「自立」する人間を育成することになる。そのことが、結果的に人間の尊厳を尊重した市民或いは市民社会の礎になり、地域社会構築の担い手に繋がり、心身共に穏やかな人物創造に結実するのである。

成清美治

欧州福祉国家の
自由・平等教育
オランダ、デンマーク、フィンランドの
歴史と実践に学ぶ

目　次

福祉国家オランダの教育

第1節 ▐ 福祉国家オランダの動向

（1）福祉国家から参加型社会へ

　社会学者・政治学者のイエスタ・エスピン−アンデルセン（Gøsta Esping-Andersen）は福祉国家の骨格を「福祉レジーム」（welfare regime）とし、①社会民主主義レジーム（北欧諸国のように社会扶助を中心として国民連帯を図る等）、②保守主義レジーム（コーポラティズム型、ドイツなどの西欧諸国のように社会保険を中心に家族主義的基盤を維持するもの）、③自由主義レジーム（アメリカのように低所得層への公的扶助を特別扱いにした市場主義的なもの）と三つのレジームに分類した（エスピン−アンデルセン 2008: 142）。この分類にてオランダは、②保守主義レジームに類別することができる。

　近年までオランダは国家体系として「多民族国家」であると同時に福祉・教育においても「子どもの幸福度世界一」「自由度の高い教育制度の国」として世界から注目を集めてきた。オランダは1970年代後半から1980年代かけて「オランダ病」と言われた経済的不況に陥ったが「社会保障改革」（民間サービスの導入）と「雇用の柔軟性」（雇用の確保・賃金の抑制）により、経済的危機を克服しそれ以降、EU諸国のなかでも経済的優等生へと変貌し、経済状況は低成長であるが一定の成長率を持続してきた。

　しかし、近年オランダは、経済的不況も手伝って、ここ10年ほどの間に大きく移民・難民政策を転換し、「寛容」から「移民排除」と「移民統合」（実質的には統合）へと舵を切った（水島 2019: iv）。また、福祉政策においても高齢化問題（2000年には高齢化率13.6％であったのが2017年には18.5％となっている（平成30年版「高齢社会白書」））を抱えオランダの高齢者政策が変更された。すなわち、福祉国家体制から参加型社会（内閣府 2018）への変換である。

　これまで、オランダは福祉国家として社会保険制度を中心に展開してきた。例えば2007年以前は医療保険、介護保険（AWBZ）、社会福祉法、障がい者サ

ービス法を中核に行われてきた。しかし、2007年以降、医療保険、介護保険、社会サービス法（Wmo）に整備された。その結果、介護保険の対象が縮小され、医療保険でカバーしきれない重度の要介護者に絞られた。

（2）高齢者サービスの変容

　2015年「社会サービス法」の改正により、高齢者サービスの公的財政負担の軽減を意図して介護保険サービスから新たに身体介護が医療保険に、また、デイサービス事業が社会サービス法に移行することになった。これによって介護保険のサービスは重度要介護者（24時間介護が必要な利用者）に限定されることになった（図表1-1）。この背景にはオランダの高齢化率の上昇と財政問題がある。

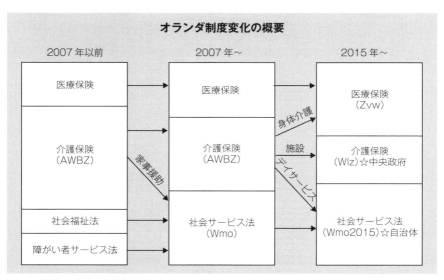

出典：平成30年度『高齢者白書（全体版）』内閣府

図表1-1　オランダ制度変化の概要

　そして、従来の福祉国家から参加型社会に伴って各地方自治体がソーシャルヴァイクチーム（社会地区チーム）を結成する。そして、ソーシャルワーカー

がリーダーになって地域の介護福祉の専門家を組織し、地域の介護ニーズを抽出して対象者の要介護高齢者宅を訪問し、問題解決方法を考えるシステムが構築された。

このように福祉国家から参加型社会への改革を余儀なくされているオランダであるが、移民政策においても変化が見られるようになった。すなわち、1950年代から1970年代にかけての高度経済期において労働力不足を担った移民についても近年の「モノ」（工業社会）から「非モノ」（脱工業社会）への転換により、単純労働から知的生産労働へ労働市場が変化するなかで、これまでの移民に対する包括を意味する、インクルージョン（inclusion）ではなく、移民の同化政策（cultural assimilation）に近い移民統合が行われるようになった。

こうした経済状況下にあるオランダでは、これまで移民に対して予算措置などを講じて手厚い保護を行ってきた。しかし、産業構造の変化或いは構造的経済的不況からこれまでの移民政策は変容せざるを得なくなった。すなわち「包摂」から「排除」への論理の急速な転換である。その結果、移民・難民に対する入国審査の厳格化と福祉政策（医療・教育・住宅）の後退がみられる。

ところで、オランダでは学校教育において21世紀の全人教育として「自由」と「学校選択制」を導入して、オールタナティブ教育を各小学校（公立・私立を問わず）に導入し独創的な教育を実践している。

今日、我が国の学校教育の現場で起こっている「いじめ」「校内暴力」「ひきこもり」「自殺」等の原因として、学歴偏重社会のもとでの過酷な「競争主義」重視教育或いは「画一的一斉授業」おける非主体性教育の存在がある。しかし、オランダの自由教育と学校選択制に基づく教育は、個性の重視（一人ひとりを大切にする教育）と社会性の尊重（社会に目を向ける）を育むものとなっている。

第2節　オランダ自由思想の源流

　この節では同国が歴史的に「自由」思想を標榜し、市民社会を構築してきたオランダの自由思想の系譜について述べることにする。

　オランダはヨーロッパにおける海洋並びに陸上交通の中継地としての地理的利点を活用し、「小国」であるが国土を新たに開拓しながら今日まで貿易立国として繁栄してきた。しかし、ヨーロッパ大陸を流れるエムス川とライン川が北海に流れ込むデルタ地帯にできた低地のため国土の4分の1が低湿地帯であり、国土の維持・拡大は苦難の連続であった。そのため、オランダにおける治水事業の発展は歴史的必然であった。国土維持・拡張のために堤防、ダム、運河等の建設工事は水が相手の難工事であったが、これらの工事を遂行するには地域住民の一致団結した結束が必要であった。地域住民自らが治水・干拓事業に共同参加することは住民の間に自ずと連帯と協働関係を構築すると同時にオランダ住民にとって必然的に「水」を学ぶ機会を得ることになった。

　また、湿地帯や沼地を干拓し耕地へ転換する工事への参加は農民が生きるための作業であり、結果として新たな生活の糧となる土地・村が誕生することになるのであった。「神は地球を創ったが、オランダ人は、オランダを創った」という格言はこのような苦難の歴史から生まれた名言である。そしてオランダの干拓・治水事業を世界的に有名にした代表的な事業が1930年代のアフスラウトダイク（Afsluitdijk）の大堤防であり、これはフリースランド（Friesland）州とノルトホランド（Noord Holland）州の北部間の32キロメートルにわたる堤防の建設であった。

　この大堤防（「締切り堤防」）の建設には労働者が身命を捧げたもとで完成したが、これほどの大事業は世界的に珍しく、オランダ人の治水工事の技術力の高さを証明したと同時にオランダ国民の国土への関心の高さを世界に示したものである。

この「締切り堤防」を現地で見学した作家司馬遼太郎は著書『オランダ紀行』（朝日新聞出版）にて、この堤防は石碑に刻んである「将来を樹（た）てないと、民族はなくなる」という現実を見据えたオランダ人の国民性とアイデンティティ（identity）の証明であると同時に、オランダ人自らがこれまで国土を干拓してきたという自負を感ずることができると述べている（司馬 1994: 150）。

　伝統的にオランダは自由と寛容を重んずる国である。過去において、オランダは宗主国であるスペイン（カトリック）に支配されていた。しかし、宗教弾圧（オランダ・プロテスタントに対する宗教弾圧）を契機にスペイン軍との苦しい戦いにおいて、最終的にスペイン軍に対する運河の堤防の水門破壊作戦による水責めが効を奏し、オランダは奇跡的に同軍を撤退させることができた。この長いスペインとの戦い（1568～1648年）において籠城して戦ったのが、小都市ライデンの市民である。ライデン市民は最後まで小さな「城塞」に立て籠もりスペイン軍を打ち破ったのであるが、ライデンの解放はオランダ市民の市民的権利と自由思想の擁護であり、その結果としてスペインからの実質的独立を勝ち取ったのである。

　この戦いは「個人の自由を尊重し、個人間の見解の相違を寛容に受け入れる態度を培いながら、次第に〈啓蒙思想〉を発達させていく土壌を作っていったのである。啓蒙主義は、宗教による偏見を排除し、特定の宗教に囚われない中立性や合理性を重視しました」とリヒテルズ直子は著書『オランダの教育』にて述べている（リヒテルズ 2004: 34）。

　その後、オランダは経済的繁栄のもとで文化・芸術、思想等が開花することになり、成熟した市民社会（市民意識）を基盤として17世紀において、商人社会を発展させ、交易によりヨーロッパで確固たる経済的地位を築いたのである。こうした社会背景のもと、商人ギルドを中心としたオランダ社会は相互扶助を前提とした市民社会を構築したのであった。今日残されているオランダの17世紀の絵画の特徴は、ヨーロッパの覇権国家であったフランスやドイツ或いはイギリスの多くの絵画に見られる支配者自身の肖像画ではなく、市民中心の「集団」の肖像画に見られる（集団肖像画として、レンブラントの「夜警」が世界

的に有名）。このことは、市民一人で高価な画代を分担することが不可能で「割り勘」を原則としたもとで、絵画の中に納まることを選択したことを示している。

こうした、商人ギルドを中心とした市民社会は「自由・公平・連帯」の理念のもとで生まれたものであるが、そのルーツはオランダの哲学思想にある。一般的にオランダ国民は、理知的・理性的であるが、抽象的であるよりも具体的であることを好むと言われている。この根拠は、同国の思想に拠るところが大きい。

ここで、オランダの自由で公平な市民社会の建設に思想的に影響を与えた賢人として3人を挙げることにする。

一人目の賢人は、オランダの精神的祖であり、同国の文化や思想に影響を与えたルネッサンス期の人文学者エラスムス（Erasmus, Desiderius）である。

彼は主著『痴愚神礼賛』（1509年）のなかで王侯や教会の愚行を批判し、「人間の尊厳と自由」を強調した。すなわち、同書で当時の理知的でなく非合理性や欺瞞に満ちた宗教者や支配者を痛烈に批判したのである。しかし、教会の堕落を批判した穏健で中庸思想を基調としたエラスムスであったが、免罪符問題をきっかけにローマ教会を批判し、宗教改革を断行したルター（Luther, Martin）の改革に対しては、キリスト教の純化に賛同したが、その運動があまりにも急進的で教会の分裂を招くとして人文主義者（ヒューマニスト）の立場から中庸の立場を取ったため改革派から絶縁されることになった（加藤 1998: 163）。

二人目の賢人は、オランダの自由思想・文化の構築に影響を及ぼした人物で、近代自然法学と国際法の基礎を確立し、「自由と平和」を重んじたグロティウス（Grotius, Hugo）である。彼は主著『戦争と平和の法』（1625年）を著した。彼は国際法学の基礎を体系付け、人間の社会関係は理性的・社会的で自由・平等な人間相互間の基本的社会秩序としての自然法に服するとした（渡部 1998: 395）。

彼の思想は、ロック（Locke, John）やホッブス（Hobbes, Thomas）と並んで、

法とは中世の自然法と神から独立し、人間の本性に基づくものであるという近代の自然法の根本原則を構築したのである。

　三人目の賢人は神への智的愛を説いた哲学者であるスピノザである。彼はデカルト（Descartes, René）の二元論（精神と物体は互いに独立したもの）を克服し、穏健的であり理性本位の立場に立ち、全ての属性を包括する汎神論的一元論を主著『エチカ』（1677年）にて展開し、オランダの文化・自由思想の構築に影響を与えた（座小田 1998: 881）。

　以上、オランダの自由思想の構築に影響を与えた三賢人について紹介したが、忘却してはならないのは、オランダの合理主義とプロテスタンティズムの影響である。こうした思想的背景のもと17世紀には「株式会社東インド会社」を設立したオランダは、貿易立国として、世界の覇者となり黄金期を迎えたのである。この前提には絶妙なバランス感覚の獲得と市民生活を基盤とした文化・教育の成熟並びに市民意識の醸成があったことは相違ないのである。その根底には同国の「自由」と「寛容」と「中庸」の精神的風土が存在していたことである。つまり、地理的にあるいは伝統的に多民族・多極国家であるがゆえに、個人と他者の自由を尊ぶ「寛容と主張」の社会が人々の生活を支えてきたと同時にこのような風土が人々の自己実現を育て上げてきたのである。こうした「他者尊重共存社会」のなかで個人のみならず他者の自由と権利を容認する社会であることが、現在も世界においてオランダの独特の存在を意義付けているのである。また、その国家観において他のヨーロッパ諸国と同様、ヒューマニズム思想とキリスト教的慈善思想が介在していることは否めない事実である。

第3節 ┃ オランダ教育の歴史的改革

　オランダは歴史的に大国に挟まれた「小国」として苦難の道を歩んできた。そのため交易国として貿易による国家形成を成し遂げると同時に多民族国家のもとで市民社会を構築した。一部の上流社会の特権階級に属する人々のために

教会を中心とした教育を行ってきたなかで、1801年には「教育法」（学校法）が成立した。その結果、教育問題を巡って自由主義指導者の中立性を重視する観点から宗教関係の学校が閉鎖され公立学校が開設された。

　しかし、これに異議を唱えたのが宗教関係者であった。こうして両者（自由主義者と宗教関係者）の対立は顕著となり、19世紀後半の最大の政治課題となった。このような教育問題に対して、世俗化した公立小学校と並んで、宗教教育を重視する宗派私立小学校への全額補助が実現し、オランダの都市と農村には公立・新教系・旧教系の小学校が並存し、さらに都市ではモンテッソーリ・ダルトン校などの私立校も全額国庫補助を受けてこれに加わった（栗原 1982: 112）。

　オランダにおける学校制度と宗教に関する論議がもたらした「学校闘争」は政治的判断により収束することになった。学校闘争終結の結果オランダの教育は、学校創設の自由が1848年に確立、国庫補助金の一部獲得が1887年に、そして、1917年に公立校と私立校に対する平等な国庫補助金の交付が達成された。

　こうした経緯のもと公立校と私立校が平等に扱われるようになり、オランダの義務教育は「教育の自由」を獲得すると同時に各宗教系学校の存立を認めることによって、国民間の信仰の自由を認めることになった。結果的にこの教育問題への対策がこれまでの新旧宗教政党の対立を緩和することになり、オランダの教育がカトリック、プロテスタント、社会主義、自由主義に基づく「縦割り集団」のもとで運用された。

　また、この時代は文化・宗教・哲学面において合理主義、功利主義、物質主義の勃興によるこれまでのキリスト教に対する批判のもとで、世俗化と自由化がプロテスタントを中心に興った。

　第二次世界大戦後オランダは経済復興に努め1959年以降、高度経済成長期を迎えることになった。かつて、同国はチューリップ、酪農を中心とした農業・酪農国であったが、製鉄・機械・造船等の金属工業、食品工業、石油工業を主とした工業・貿易立国へと変貌した。しかし、この経済成長による新たなる産業の発展は、同時期の日本と同様に地方からの人口（労働力流入）をもっ

てしても労働力不足は顕著であった。こうした状況下にあっても若者の高校・大学進学率は上昇することとなった。

　こうした急速に進む工業化・産業化は教育制度改革の整備の必要性を迫ることとなった。1963年当時の首相カルスは中等教育に関する教育改革を実施した。

　そして、彼は「マンモス法案」（中学から大学までの教育改革）を議会に提出、成立（1968年より実施）に努力した。法案の成立によって、1世紀にわたって用いられてきた名称も初等教育は基礎教育（6年制）に、中等教育は前期中等普通教育（MAVO、3-4年制）に、高等市民教育（HBS）は後期中等普通教育（HAVO、5年制）に改められた。他方、大学進学コース（VWO、6年制）の高校は旧名のままアテネウム或いはヒムナシウムが用いられた。義務教育は10年で、6年の基礎教育課程を終えた児童の約40％は中等職業訓練学校（4-6年制）へ、他はHAVO、VWO（共に大学進学コース）からMAVOへ進み、MAVOと中等職業訓練学校の卒業生は高等職業訓練学校に進学することができることとなり、今日に至る複線型の教育制度が確立された（栗原 1982: 253-254）。

　ところで、オランダの教育は「オランダ憲法」第23条のもとで教育の自由がより細かく規定されている。同条文の内容は以下の通りである。

① 教育は政府の持続的責務の対象である。
② 教育の供与は、法が定める官庁の監督及び教育の供与者の技量と特性についての検査の条件を満たす限り、自由である。
③ 公立教育は、各人の宗教ないしは信条を尊重して、法が定める。
④ 各地方自治体において、当局により十分な数の学校において十分な公立初等教育が供与される。法が定める規則に準じて教育機会の供与が十分認められる限りにおいてこの規定の逸脱が認められる。
⑤ 教育については国庫から全部ないし一部の費用を拠出する。妥当性の要件は私立教育に関する限り、主義の自由を遵守して法が定める。
⑥ この要件は、普通初等教育については、国庫から全額負担を受ける私立教育お

　　および公立教育の妥当性は、教材の選択と教員の任命に関して、特に私立教育の
　　自由を尊重して定められる。

⑦　法が定める要件を満たす私立普通初等教育は、公立教育と同一の基準に従って
　　国庫から費用を拠出される。私立普通中等教育および予備高等教育に対する国
　　庫からの補助が与えられるための要件について、法が定める。

⑧　政府は国会に対して、各年、教育の状態についての報告を行う。（リヒテルズ
　　2004: 56）

　なお、同法のもとで「教育の三つの自由」（設立、理念、教育方法）が認められ
ている。

第4節 ▎ オランダの学校選択制

　オランダでは生活圏に関係なく国民（保護者）は「学校選択制」（学校選択の
自由）のもとで各校の教育内容に準じて公立或いは私立の自由な選択をするこ
とができる。日本の場合、「学校教育法施行令」（昭和28年10月31日）第5条第
2項の規定に基づき、「市町村の教育委員会は、当該市町村の設置する小学校
及び義務教育学校の数の合計数が2以上である場合、当該就学予定者の就学す
べき小学校、中学校又は義務教育学校を指定しなければならない」とあり、原
則学校選択制は認められていない。しかし、その後、学校選択制を弾力的に運
用することが認められ、一部の市町村教育委員会で学校選択制を実施している。
また、高等学校進学に際して各都道府県において学区が異なって規定されてい
る。例えば大阪府の高等学校の場合、現在2014年度入学者選抜以降、大阪府
立及び大阪市立・堺市立・岸和田市立・東大阪の公立の高等学校は大阪府内全
域から出願が可能となっている。このように大阪府の場合「大学区制」（名目
上の選択制）を導入しているが、その結果、明らかに学校差（大学進学率）が生
じ、大学進学に有利な学校とそうでない学校格差が存在する。

図表1-2は日本における小学校における学校選択制の実施状況である（平成24年10月1日、文部科学省）。この図表によると全国の小学校で市町村内に2校以上の小学校を置く教育委員会が学校選択制を実施している割合は、246校で全体の15.9％となっている。なお、日本の公立或いは私立の小学校・中・高等学校に進学する子弟は親の経済力によって、進学先が左右されるが、オランダの場合、公立・私立に関係なく小学校の学費は基本的に国庫補助となっているため、親の経済力によって進学が左右されることはない。むしろ、学校選択制によって、我が国において深刻な問題を呈している不登校、引きこもり、いじめ、自殺等の問題が軽減されることが考えられる（なお、令和3年度から日本の小・中学校の「学校選択制」の見直しの実施予定）。

小学校	実施…246 (15.9％)		非実施…1,301 (84.1％)			計
	導入しており、廃止の検討や今後の廃止の決定はしていない	導入しているが、廃止を検討中である又は今後の廃止を決定した	導入していないし、導入を検討していない	導入していないが、導入を検討中である又は今後の導入を決定した	過去において導入していたが、既に廃止した	
	A	B	C	D	E	
設置者数	234	12	1,267	26	8	1,547
割合	15.1％	0.8％	81.9％	1.7％	0.5％	100.0％

注：全国の小学校数（公立・私立）は19,336校であり、在学者数は622万3,000人である（令和3年度学校基本調査）。
出典：文部科学省

図表1-2　学校選択制の実施状況

このようにオランダの学校運営における特徴は「教育の自由」が保障され、学校選択制の導入を図っていることである。

オランダの義務教育は基本5歳（大部分の子どもは4歳から入学）から小学校に入学し8年間（5〜12歳）の課程で小学校を修了する。

オランダの小学校は小規模校（全校生徒平均250名規模）であるので校長・教員と児童の間は親密性に溢れている。

教育内容、教育方法、教材等は教員が決めることになっている。すなわち、学校と教員に「自由裁量権」が認められている。なお、小学校課程において学習到達目標に至らない生徒に対しては留年制度（落第）を設けている。この

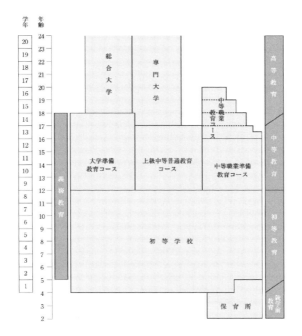

出典：文部科学省「世界の学校体系」

図表 1-3　オランダの学校体系

「落第制度」は単にもう一度同学年を履修するという意味でなく、子どもの学習程度に応じて学習のチャンスを与えるというものである。小学校（基礎学校）を修了する児童は中等教育（中学校）に進学することになるが、中等教育には三つのコースがある。第一は、大学に入学するための6年制の大学準備教育コース（VWO）、第二は、5年制の上級中等普通教育コース（HAVO）、第三は、4年制の中等職業準備教育コース（WMBO）である。中学校が将来の進路に応じて分かれているのはヨーロッパの国々の伝統であるといわれているが、どのコースを選択するかは、CITOテスト（「全国一斉学力調査テスト」）の結果を参考に保護者と子どもが各コースを選択する。なお、途中で進路の変更を希望する者は他のコースへの編入を認められている。具体的には、HAVOで卒業資格を取得した者は直接3年制の総合大学（WO）に進学できず6年制の

	オランダ	日本
年　限	8年（4歳から12歳まで） ＊義務教育開始は5歳から	6年（6歳から12歳まで）
学校の種類	公立学校と、私立学校に大別される。	地方自治体によって設置され、公費によって運営される公立学校と、学校法人によって設置される私立学校に大別される。
入学する学校の決定 （学校選択制）	公立学校、私立学校を問わず多様な学校から選択できる。	公立学校に入学する場合には、市町村教育委員会によって指定された学校に通学。一部自治体では、学校選択制が導入されている。私立学校への入学には、各学校で実施する選抜試験がある。
設置者	公立学校：地方自治体、又は地方自治体が設置する協会・財団 私立学校：学校を設置した協会、財団等	公立学校：市町村 私立学校：学校法人
運営費	公立学校、私立学校とも、公費によって運営される。	公立学校は公費で運営される。私立学校は私学助成のほか、授業料、寄付金等で運営される。
教育課程	国は、教科の種類、最終学年修了時の達成目標、授業時間数を定める。教育内容に関する規定はない。	公立学校、私立学校とも国の定める学習指導要領に準拠した教育課程を編成する。国が授業時間数、各教科の目標、内容等も規定。
使用する教科書・教材	国定・検定教科書は無い。一般に民間業者が作成した教材を教員や学校が選択。初等学校では教科書の使用はほとんど無い。	検定教科書を中心に使用。公立学校の教科書は、採択区域内で同一の教科書を使用する。
教　員	教員人事は公立及び私立学校を運営する学校運営団体が行い、学校ごとに求人が行われる。初等学校の場合は、HBOに該当する教員養成大学の修了証明が教員免許に相当。公立学校においても学校間の教員の異動は一般的ではない。教員の給与は、原則として公立、私立とも同一の体系に基づく。	公立学校の教員人事は、市町村への人事権移譲がない限り、都道府県が行う。大学の教員養成課程を経て教員免許を取得した者を、各都道府県が採用試験により採用する。公立学校間で異動が行われる。
授業料	公立学校、私立学校とも無償。学校独自の教育プログラム等のために寄付を求められることがある。公立学校の場合は、寄付を強制することができない。	公立学校の場合は無償。私立学校に入学した場合は有償。
教育監査	教育監督庁による教育監査が実施される。	学校による自己評価（義務）、保護者・地域住民等による学校関係者評価（努力義務）、教育専門家による第三者評価（法的義務はなく、実施を推奨）がある。

注：日本には、国立の小学校（国立大学附属小学校）も存在するが、この表では公立と私立に限定して説明した。
出典：黒川直秀（2015）「オランダの教育と学校選択制」『レファレンス』65号, p.85.

図表1-4　オランダと日本の学校制度の比較（初等教育（小学校）段階）

VWOの6年生に編入し、卒業してから大学に進学することになる。また、VWOを卒業していると一つレベル下の4年制の専門大学（HBO）に入学することもできる。また、HAVOを修了すればHBOだけでなく4年生のWBO（中

等職業教育コース）にも進学することができる（「移行クラス」システム）。ただし、コースの移行に関しては各学校が要求する成績を修めることが条件となる。

　ここで各コースの教育内容について触れることにする。まず、VWOであるがこのコースは6年間の学習課程が課せられているが、大学進学を目指す者のためのもので、ギムナジウム（gymnasium：ギリシャ語とラテン語が必修となる大学準備教育）とアテネウム（atheneum：ギリシャ語とラテン語を学習しない大学準備教育）の2種類がある。このコースを卒業すると3年制のWOに進学することになるが、大学入学の条件は、VWOの卒業（修了）資格であるが、難度の高い医学部進学は勿論であるが、「全国共通試験」（CE）と「校内試験」（SE）で優秀な成績を修めていることが条件となる。なお、オランダの大学は、全て国立であり、学士（3年課程）、修士（1〜3年課程）、そして、博士課程（3年以上）となっている。また、オランダでは大学進学者は少なく（全学生の10％程度）で大学卒は社会のエリート階層に属する。次にHAVOは5年間の学習期間が課せられ、高等な技術を習得するコースを修了して卒業資格を有すれば、HBOに進学することができる。卒業時には学士（4年課程）、修士（1〜2年課程）が授与される。一般的にVMBOコースを卒業した者はそのまま就職するかWBOに進学することになっている（図表1-3）

　図表1-4はオランダと日本の学校制度（初等教育）の相違を示したものである。

　なお、オランダの教員養成には3コースあり、小学校の教員は4年間（主としてHBO）で養成、中学校の教員は4年間（主としてHBO）で養成、高等学校の教員は5〜6年間（WO）で養成される。

第5節 ┃ オールタナティブ教育

　オランダでは「百の学校あれば百の教育がある」と言われる程、個性的な教育を展開する多数の小学校が存在する。

　今日、オランダの教育が注目されているのはオールタナティブ教育

（Alternative education：もう一つ別の教育）の存在である。現在、オランダにある学校のうち約10%がオールタナティブ教育を実施している。主なものは、(1) モンテッソリー教育（Montessori Education）、(2) ダルトン教育（Dalton Education）、(3) イエナプラン教育（Jena-plan Education）、(4) シュタイナー教育（Steiner Education）、(4) フレイネ教育（Freinet Education）等である（リヒテルズ 2004: 59）。

(1) モンテッソリー教育（現在約160校）

この教育はイタリアの女性医師・心理学者モンテッソリー（Montessori, Maria）が始めた教育方法である。この教育において教師・親の役割について彼女は「子どもは自らを成長・発達させる力を持っているものである。故に教師は子どもの自由を保障し、子どもが自立するために援助する存在である」と定義している。すなわち、子どもの自由な活動こそ教育の中心であるべきだと主張している。モンテッソリー教育の特徴は感覚訓練を中心とする独創的な教具を使い、周到に整えられた環境において、幼児の感覚と筋肉、精神と身体の自由で全体的な活動を刺激する自主的活動教育にある。

なお、このモンテッソリー教育は、幼児教育の発達段階を考慮して0〜3歳期と、3〜6歳期に分けて考えられている。授業方法として、あらゆる種類の教材・教具を用いて子どもの発達を刺激する方法を用いる。

また、彼女は、1905年にイタリア・ローマのスラム街に子どもの施設（「子どもの家」）を（責任者として）創設し、教育と実践を研究した。その成果がモンテッソリー教育として各国にひろまった（五十嵐ら 1984: 250-251）。

(2) ダルトン教育（現在約210校）

ダルトン教育は、アメリカ合衆国の教育者であるパーカスト（Parkhurst, Helen）によって提唱された。この教育の始まりは、アメリカのウィスコンシン州のダルトンという小さな村において4歳から12歳までの15名の小さな1クラスのみを擁する学校であった。ダルトン教育は、個別学習（「個別化」）と協

力 を 基 本 と す る 教 育 で、 自 由 (freedom)、 自 立 (independent)、 協 力 (corporation) の三点を基本原理とする教育である。授業の方法として、簡単なインストラクション（指示・助言）と自立学習を基本とする。そして、個別の課題を教員と児童間との契約で達成させると同時に児童自らが時間配分を考える。課題をこなした子どもは教師のところへ行き結果を見てもらって課題修了のサインをもらう。なお、週1回の間隔でクラス会議が開かれクラスのメンバーが興味を持てる話題を議論することによってクラス全員の協調性を図ることになっている。この教育の特徴は、児童の課題を教員と児童との間で決定し、児童の自立的計画で学習することである（リヒテルズ 2004: 62-65）。

(3) イエナプラン教育（現在約220校）

　ドイツの教育学者ペーターゼン（Petersen, Peter）によってイエナ大学での教育実験により、創始された。授業方法として、異年齢の子どもたちをファミリー・グループとしてクラス編制して、サークルの対話を基本に異年齢の子どもたち同士の支え合いの機会を設ける（異年齢同士の学び合い）。教師はグループのなかに一緒に入って子どもと同じ目線で子どもの話に耳を傾ける。また、このプランでは学校の活動を「会話（話す）」「遊び（遊ぶ）」「仕事（働く）」「催し（祝う）」を基本活動とし、これを循環させる。この教育方法がオランダに紹介されたのは1955年以降である。このプランの目的は、自己自身を知るというだけでなく、他者理解（他者の良さを認める）に繋がり、社会に積極的に参加する人材を養成するところにある。結論として、イエナプラン教育の特徴は、①「異年齢が学級を構成する」、②「科目によらない時間割設定」、③ワールドオリエンテーション（現実の世界で生起している出来事や課題をテーマにする）の実施、④サークルでの対話、であり教室は「リビングルーム」である。

　このイエナプランは他のオールタナティブを採用している学校としては後発組であるが、現在、オランダでは多数の学校で採用され、この教育の特徴は、異年齢混合学級で構成されサークル形式を重視し、学習形式をリズミカルに循環させるものである（リヒテルズ 2004: 66-69）。

（4）シュタイナー教育（現在約95校）

　この教育の発案者は、オーストリア出身のシュタイナー（Steiner, Rudolf）である。彼は人智学（アントロポソフィ）で著名な思想家、教育家であるが、子どもの発達は「頭」（知的発達）、「心」（情動的発達または情緒）、「手」（技能的発達）の三者のバランスによるものであるとする。すなわち子ども発達は頭、心、手の三者の連携・総合的学習によるものとする。

　なお、授業方法は6〜13歳ぐらいの子どもたちのクラスを一人の教師が一定期間（4週間程度）、一つの教科に絞り、集中して指導し、全学期間（持ち上がり）担任は同じで、一般の学校と比較して、読み、書き、算数重視ではなく音楽、芸術、手作業を重視する授業を展開することであるが、同教育の特徴は、手と頭と心の発達を重視する教育で一定期間1科目に集中した授業を展開するのである。また、教師の役割は普通の学校に比較して多様な学習体系を要しているので、多才な能力を具備した教師が必要であり、それが教師に求められている（リヒテルズ 2004: 69-74）。

（5）フレイネ教育（現在約14校）

　この教育は、フランスの教育実践者フレイネ（Freinet, Celestin）によって提唱された。彼は代用教員として学校に勤務していたが、第一次世界大戦で戦地に赴き、障害者となり帰還した。肺の疾患のため教職に復帰後、大声を出すことが不可能となり、伝達本位の教育ではなく表現を重視した教育に活路を見出した。

　異年齢・同年齢クラスのなかで助け合ったり学び合ったりすることにより、「自由作文」「壁新聞づくり」「学校印刷」等を通じて学ぶ教育方法を見出した。授業方法は個々の子どもの新聞づくりと自由作文づくりで、印刷によりクラスの参加者が作文等を共有することができる。この教育の特徴は、児童の個々の独自の認知、人間形成を重視した教育であるといえる。

　以上、オランダのオールタナティブ教育を見てきたが、各教育において共通するのは子どもの自発的な好奇心や探究心を刺激し、それぞれの子どもが持っ

て生まれた独特の性質や能力に応じてその成長を助けるのが特徴である（リヒ
テルズ 2004: 75）。

第6節　リートタッカー小学校

（1）学校運営の改革

　この小学校（写真1-1）は、オランダのほぼ中央部のユトレヒト州の州都ユ
トレヒト（オランダ第四の都市で人口35万8,454人：2020年度）の郊外の閑静な住
宅地に位置する。リートタッカー（Rietakker）小学校はダルトン教育実践校で
2013年に赴任したヤン・バウス（Jan Buis）校長のSAMIプラン（子どもと教師
の能動的で主体的な学びを促進する考え）を導入し、学校の組織改革で一定の教
育成果を上げオランダで注目校の一つに挙げられている。そこで、これまで実

写真1-1　リートタッカー小学校の校舎

施されてきた同校の学校改革について視察（2019年11月）を通じて明らかになったことについて記すことにする。

1）キャラクターの役割

　学校改革において教師と子どもたちとのコミュニケーション（理解）を図るため、キャラクターを設定している（写真1-2）。

写真1-2　小学校のキャラクター

　このキャラクターの頭部はパンダとなっている。その理由は、愉しいイメージが他人とのコミュニケーションを表しており、パンダの顔を見ることによって心がなごむことにより子どもたちが互いに接触しやすく、尊敬しあうということができる。胴体部のトラは、勇敢で力強いイメージから胴部をトラにしている。そして尻尾はキツネとなっている。オランダではキツネは賢い動物とのイメージから用いられている。これらの三者の合体により、教師と子どもたち或いは子どもたち同士が相互にハッピーな気持ちでコミュニケーションを図ることが容易にできるよう考慮されたものである。

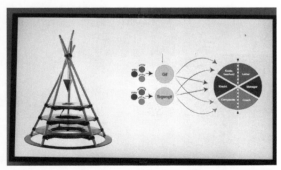

写真1-3　SAMIプラン全体図（リーダーとしての役割）

2）SAMIプランの全体図

　同校の学校・学級運営は基本的にSAMIプランの導入に基づいて全体図（写真1-3）が描かれている。このプラン全体を実施することが教師と子どもたちとの

コミュニケーションのもと主体的で能動的な学びを促進することになるという。

3）SAMI プランの円錐

SAMIプランの全体図の円錐は五つの柱によって構成されている。それぞれの柱は校長・教師・子ども・保護者等の相互関係において定められた組織の規律となっている（写真1-4）。この円錐は5本の柱（組織の規律）によって構成されて

写真 1 - 4　円錐を構成する 5 本の柱

いるが、各柱の役割は以下の通りである。

① **ビジョン形式**：学校が目指していること（ビジョン）を校長も教員も子どもたちも同じ表現で答えられること。
② **メンタルモデル**：決まりきった考えから離れて思考すること。
③ **システム思考**：出来事がバラバラに起こったとしても、学校組織としての課題がないか考える。
④ **個人の学ぶ姿勢**：変化する社会に対応できるための学ぶ姿勢が大切である。
⑤ **チーム学習**：組織内外の人たちと対話を通じて全体像を改善しようとする姿勢。

これらの5本の柱によって構成されている円錐の中心にあるのが「逆三角錐」で価値値、ビジョン、ミッション等を表現している。この内部コンパスが組織内のバランスを取りながら組織のあるべき方向性を示唆するのである（澤2018: 153）。

4) リーダーに求められる資質と課題1

　人は問題を判断、解決をしようとする場合、「恐れ」(angst) に陥り易く、判断 (oordeel) を誤り、時には自らを「責め」(schuld) ることがある。そのことが結果として人間関係において「弊害」(Gif) を招くことになる。しかし、

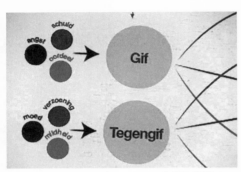

「勇気」(moed) を持って問題に対応する場合、「和解」(verzoening) や「寛大さ」(mildheid) が生まれ、物事に対する固執性という弊害を除くための「防御手段」(Tegengif) が働き、教師、子ども、保護者等に対する対等な人間関係を構築することができる (写真1-5)。

写真1-5　リーダーとしての資質と課題1

5) リーダーに求められる資質と課題2

　これらの過程(「弊害」「防衛」)を経て個々人のコミュニケーションがそれぞれ交錯して最終的に人間の持つ、「弱さ」(Kwetsbaarheid)、「同情」(Compassie) を備えながら個人の「活力」(Kracht) を得ることができる。そして、各先生方は三つの役割帽(帽子に例える)を状況の変化に応じて変えながら子どもたちに接することが必要とされる。すなわち三つの帽子とは、①み

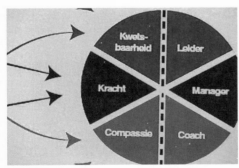

んなに新しい考え方を示唆し、将来の方針を示すことのできる「リーダー」(Leider)、②業務を正確に割り当てることができる意思を持っている「マネージャー」(Manager)、③こどもに対して対等な立場で話を聞きその人を支援或いは援助できる「コーチ」

写真1-6　リーダーとしての資質と課題2

郵便はがき

101-8796

537

料金受取人払郵便

神田局
承認

6430

差出有効期間
2022年12月
31日まで

切手を貼らずに
お出し下さい。

【 受 取 人 】

東京都千代田区外神田6-9-5

株式会社 明石書店 読者通信係 行

||ьl|·l|ь||ь|l||ь|||||ь|ь|l|ь|l|ь|l|ь|l|ь||ь|||

お買い上げ、ありがとうございました。
今後の出版物の参考といたしたく、ご記入、ご投函いただければ幸いに存じます。

ふりがな	年齢	性別
お名前		

ご住所 〒　　-

TEL　（　　）　　　FAX　（　　　）

メールアドレス	ご職業（または学校名）

＊図書目録のご希望	＊ジャンル別などのご案内（不定期）のご希望
□ある	□ある：ジャンル（　　）
□ない	□ない

書籍のタイトル

◆**本書を何でお知りになりましたか？**
　　□新聞・雑誌の広告…掲載紙誌名[　　　　　　　　　　　　　　　　　　　　]
　　□書評・紹介記事……掲載紙誌名[　　　　　　　　　　　　　　　　　　　　]
　　□店頭で　　　　□知人のすすめ　　　□弊社からの案内　　　□弊社ホームページ
　　□ネット書店 [　　　　　　　　　　　　] □その他[　　　　　　　　　　　]

◆**本書についてのご意見・ご感想**
　　■定　　　　価　　□安い（満足）　　□ほどほど　　　□高い（不満）
　　■カバーデザイン　□良い　　　　　　□ふつう　　　　□悪い・ふさわしくない
　　■内　　　　容　　□良い　　　　　　□ふつう　　　　□期待はずれ
　　■その他お気づきの点、ご質問、ご感想など、ご自由にお書き下さい。

◆**本書をお買い上げの書店**
　[　　　　　　　市・区・町・村　　　　　　　　　書店　　　　　　　店]

◆**今後どのような書籍をお望みですか？**
　　今関心をお持ちのテーマ・人・ジャンル、また翻訳希望の本など、何でもお書き下さい。

◆**ご購読紙**　(1)朝日　(2)読売　(3)毎日　(4)日経　(5)その他[　　　　　　新聞]
◆**定期ご購読の雑誌**　[　　　　　　　　　　　　　　　　　　　　　　　　　]

ご協力ありがとうございました。
ご意見などを弊社ホームページなどでご紹介させていただくことがあります。　□諾　□否

◆**ご注文書**◆　このハガキで弊社刊行物をご注文いただけます。
　　□ご指定の書店でお受取り……下欄に書店名と所在地域、わかれば電話番号をご記入下さい。
　　□代金引換郵便にてお受取り…送料＋手数料として500円かかります（表記ご住所宛のみ）。

書名		
		冊
書名		
		冊

ご指定の書店・支店名	書店の所在地域	
	都・道　　　　市・区 　　　　　　　府・県　　　　町・村	
	書店の電話番号　　　（　　　　）	

（Coach）に各教員が成長（発達）することが同小学校の目標である（写真1-6）。

（2）学校の価値観の子どもたちへの伝達

　この学校では子どもたちに五つの価値観を学んでもらうため、写真1-7のような低学年向けの大きな絵を廊下に展示している。五つの価値は大木の各枝にある巣箱で表している。学校で決めた価値観——①安全、②コミュニケーション、③自立、④成長、⑤キリスト教精神——となっており、これらの五つの価値は絵で提示されているので

写真1-7　五つの価値観を表す樹木の絵

低学年の子どもたちでも自然に価値を理解できるようになっている（澤 2018: 154）。

（3）授業風景と学校施設

　同校は静かな住宅街にあり、立地的環境は申し分なく、オランダでも教育評価は高い小学校で、在学する子どもたちの中に移民・難民の子どもたちの姿は殆ど見られない。校舎は2階建てで教室は1階と2階に分散している。建物内は特別豪華ではなく堅牢な感じがする。小学校の入学年齢は原則5

写真1-8　4歳児クラスの授業風景

歳児であるが実際は4歳児から小学校に入学している。4歳児のクラスは30人以内で遊びながら学ぶことになっている（写真1-8）。
　ダルトン教育の特徴は自由・自立・協力の理念のもと、子どもの自主性と責

任のもとで学習を行う。教室の入り口に児童の目線とほぼ同じ高さに3色（上から赤色・黄色・緑色）の信号機のような「3色ランプ」（長さ30センチ程度）が壁に固定してある。その役割は、赤色が点灯しているときは静かに自習する。黄色が点灯しているときは、先生の言葉に耳を傾ける。緑色が点灯しているときは質問時間となっている。また、3色ランプの下には児童が理解しやすいように学習経路を示す絵図が貼ってある。そして、3色ランプの横に友情・連帯・尊敬を示す同小学校の姿を変えた数種のキャラクター（写真1-2）のイラストが貼ってある。なお課題は、1日の課題、1週間の課題、1か月の課題に分類されている。学習方法は個別学習を基本とするため、子どもたちは各自の課題（各自の学習到達度に応じて一週間の課題を先生と子どもが相談のうえ契約する）に基づいて先生の指導を受けながら学習を行う。課題を子どもがクリアすれば先生の承認のもと次の課題に移行する。なお、学習テーブルは4歳児を除いて、原則4人一組（この形態はデンマーク或いはフィンランドの小・中学校でも同様である）のグループ学習（写真1-9）となっており、各自相談（協力）をしながら自らの学習を進める。また、教室以外でも自分の好きな場所（写真1-10）に移動して学習を進めることもできる（視察の結果、デンマーク、フィンランドの小・中学校でも同様である）。

写真1-9　高学年クラスの授業風景
（クラス担任が各テーブル（4人一組）の子どもたちに対してアドバイスをしている）

写真1-10　教室外で学習する子どもたち

　各教室にはクラスの児童の学習到達度を示す「学習到達度一覧表」（写真1-11）が提示されており、子どもたちはその一覧表を見ながら自分の学習到達度を確認して次の段階

に進むことになっている。

　同校の子どもたちは普段は教室で授業を展開し
ているが、必ずしも学習の場は教室でなくとも、
クラスの教室以外の多目的教室（写真1-12）等で
行われることもある。この多目的教室には雑誌
（絵本等）或いは教育玩具が置かれており、授業
の内容に応じて利用される。また、この小学校で
は能力の個人差により、学習到達度に差がある。
特に知的能力の高い子どもたちに対して、特別の個
室を設け、その場で学習することを許可している。

写真1-11　子どもたちの
到達度一覧表

　オランダでは、子どもたちは学区制がないため、
近隣の学校に通学するのが普通である。ユトレヒ
トには移民（例えばモロッコ系移
民）が多く居住する地域があり、教
育の質が問題となっているが、この
小学校の立地する地域が閑静な住宅
街で親の所得も高いため、教育の質
問題は現在生じていない。そのため
在校生は近隣住民の子どもたちが殆
どである。その子どもたちは日本の
小学校のようにランドセルを背負っ
て通学するのではなく、写真1-13
のような柔軟性のあるグリーンの袋
に必要な学用品を入れて通学してい
る。学校全体の授業風景は静寂かつ
自由な雰囲気で展開されているのが
視察を通じて印象的であった。

写真1-12　多目的教室の壁面

写真1-13　子どもたちの持ち物入れ袋

第7節 ┃ オランダ教育（小学校）の特徴と課題

オランダ教育（小学校）の特徴について述べると以下のようになる。

① 歴史的に培ってきた伝統的な寛容の精神と自由主義思想の存在。

② 法律的に「学校創設の自由」「学校方針の自由」「学校組織の自由」が保障されている。

③ 公立・私立或いは宗教的、非宗教的価値観にかかわらずに全ての学校に対して同額の国家補助が行われている。

④ 小学校学校の入学に際して、学校の選択をするうえで学区は存在しないためどの学校を選択するかは保護者の自由である。

⑤ 保護者と教師の代表で構成する生徒の権利を保障する「学校経営評議会」が存在する。

⑥ 各学校の運営管理は独立した機関である「教育監督局」から派遣されたインスペクター（調査官）が各学校を訪問し、教育の自由と教育の質（「個別教育」）が守られているかをチェックする。

⑦ オランダの義務教育（小学校・中学校）の学費は全て無料である。

⑧ 教科書の検定はなく、各学校の教員は自由に教材の開発、選択をする。

⑨ 小学校での宿題はない。

⑩ 一クラス（グループ）は、20〜30名規模で異年齢（異学年）の児童で形成されている。

⑪ シティズンシップ教育のもとで子どもたちは各学校に明示された7項目「表現の自由」「平等」「他者への理解」「寛容」「自律」「不寛容の拒否」「差別の拒否」等を学ぶ。（リヒテルズ 2013: 21）

以上のようにオランダの学校は教育の自由に立脚して運営されているが、そ

の教育内容も学校の自由裁量権のもとで行われている。それが「個を尊重する」オールタナティブ教育（もう一つの教育）であり、アクティブ・ラーニングである。これは従来の授業法方法の反省の上にたった新たな授業方法であるが、この方法をいち早く教育現場に導入した国の一つがオランダである。この目的はグループ学習のもとで児童が主体的、自律的、相互理解的に成長発達することを促進するところにある。

　今回の日本の新学習指導要領にもアクティブラーニングが導入され新たな教育のスタートが切られることになった。これの導入により、かつての「受動的、非主体的教育」が「主体的・対話的で深い学び」の視点に基づいた授業展開になり、能動的・主体的・人間性を有する能力を身に付けた児童の育成ができるかが今後の日本の教育のあり方において注視すべき点である。

　最後にオランダの教育の課題について明らかにする。

① 移民と教育問題

　他の西ヨーロッパ諸国同様、移民の問題が国を悩ませている。とくに旧植民地であったインドネシアからの1940年代から1960年代にかけての移民は最も多く約30万人といわれている。その後、非英語圏から生活水準の高いオランダを目指して多くの外国人労働者が移民としてやってきた。

　その後のオランダの経済不況期（「オランダ病」）以降、経済が驚異的に回復（「オランダモデル」）したが、移民問題は現在も社会保障費や教育費の支出を余儀なくさせている。

② 増大するブラックスクール問題

　多民族国家であるオランダでは近年、他のEU諸国と同様、増加する移民・難民の子どもの教育の問題がある。すなわち、学校選択制により、特定の国の移民の子弟が同じ学校に入学するため、従来の居住民の子どもが意図的に他の学校を選択するようなケースが増加しているという課題がある。

　その背景には経済的に困窮度の高い移民の居住地の問題がある。移民は都市

部の特定の居住区に集中して住み始めたため、先住のオランダ人は都市中心部から周辺部に移住するため、子どもはたとえ移民の居住区に住んでいても学校選択が自由なため都市部の学校を選択するのを避け、周辺部の学校を選択するという学校選択のドーナッツ現象が起きている（リヒテルズ 2004: 217）。

　こうした学校選択制のもとでの子どもたちの分離は人種差別化の危険性があり、解決が困難な問題である。

③ 12歳での人生選択の問題

　同じく教育先進国である北欧のデンマークやフィンランドが将来のコース選択の年齢が共に16歳で普通高校或いは職業学校を選択するのに対して、オランダは将来のコース選択年齢が12歳となっている。すなわち、12歳にて将来のコース（VWO：大学進学準備コース、HAVO：高等職業専門学校準備コース、VMBO：中等職業専門学校準備コース）を選択するのは家族・児童にとって相当なプレッシャーを感じることになる。もちろん各コース間の移動は成績さえ基準点に達すれば自由であるが、選択の判断能力（動機付け）が本人に備わっていればよいが、12歳の年齢で将来の選択は時期尚早ではないかと思われる（ただし、日本の学校教育の弊害である偏差値のみで大学の進学先を決定し、将来に禍根を残すのも困りものである）。

④ 学校格差の問題

　移民の子どもたちが特定の都市部等の小学校に進学することが、近年顕著になっているが、これまでオランダの小学校は学校選択制が採用され、子どもたちは自ら学校を選択することが可能であり、そのことによって顕著な学校格差は生じていない。しかし、移民の子弟が特定の学校に進学することによって、オランダの子どもたちが入学する学校差が生じる恐れがある。

⑤小学校の教師不足

　現在、オランダでは深刻な小学校教師の不足問題を抱えている。2019年度

の新学期（9月）を迎えて多数の教師が不足している。一説によるとその数は1,000人以上であると言われている。深刻な地域はオランダの中心都市、例えばアムステルダム、ロッテルダム、ハーグ等である。この教師不足問題の原因は移民・難民の多い外国人学校である。これらの学校はオランダ語を母語としないため教育面（教育実践）において、困難をきたすためである。その結果、これまでオランダの教育は全国一定の質の水準と確保を保っていたが、これらの移民・難民児童が通学する学校の教育の質が低下することが懸念されている。現在、教師不足に対応するために高学歴の難民を教師として養成するプロジェクトが考えられている（教師不足については、日本も同様で2022年1月文部科学省によると、全国の公立学校1,897学校（小・中・高等学校）で、2,558人の教員不足があると公表された）。

　以上、オランダの小学校の教育問題の課題について指摘したが、今後、オランダの教育の動向について注視する必要がある。

第8節　教育を支える諸サービス

（1）子育て支援

　オランダは「世界一子どもが幸せな国」と言われている。その根拠はユニセフのレポートにある。この報告書ではオランダは、①物資的豊かさ分野：世界で第2位、②健康と安全分野：第5位、③教育分野：第2位、④日常生活上のリスク分野：第3位、⑤住居と環境分野：第4位となっており、トータルで先進国のうち第1位となっている（Unicef 2013『イノチェンティレポートカード11　先進諸国における子どもの幸福度——日本との比較特別編集版』）。ちなみに日本は第6位となっている。このようにオランダは子どもにとって住みよい国として評価されているが、それでは子育て支援はどのようになっているか見ることにする。

　オランダでは、子育て家族を支えるサポートは、図表1-5の通りとなってお

保健所	予防接種・子どもに関する相談が無料。 子どもが19歳になるまで対応
Groeigids（日本の母子手帳）	子育てのステージに応じた情報等を提供
e-health, e-talk	インターネットやオンラインでの相談できる。
かかりつけ医師	保険料でカバーされ無料 虐待などの兆候も見極め
Kraamverzorgster 出産後の産婦につく看護師	出産の後、すぐに自宅に帰るママを**8日間**サポート （家事から来客へのお茶出しまで）

出典：公益財団法人1more Baby応援団（2020）, p.78

図表1-5 子育て家族を支えるサポート

り、出産前から出産後において手厚い公的サービスが実施されている。なかでも保健所の機能は子どもが19歳まで対応することになっており、これにより子どもの健康が維持されている。また、医療に関してはかかりつけ医師が対応しており、費用は保険料で賄われている。また、子どもの乳児期或いは幼児期においては女性の多様な働き方を支援するため保育園、学童保育、プレスクール、市民参加型保育園、保育ママ等多様な支援サービスがある（図表1-6）。

保育園	4歳まで	8：30～18：30
学童保育	4～12歳	学校終了～18：30
プレスクール	4歳まで	日数・時間は個別に対応
市民参加型保育園	4歳まで	施設によって異なる
Gastouderopvang（保育ママ）	4歳まで	子供の面倒を家で見てくれる

出典：公益財団法人1more Baby応援団（2020）, p.76.

図表1-6 子どもの預け先の整備と補助金

かつて、オランダでは就労は男性、育児は女性という性別役割分業が常態であった。しかし、高度経済成長期（1950年から1970年）に入り不足する労働力を補填するため女性が徐々に労働市場に参加するようになった。しかし、1970年代後半から1980年代における「オランダ病」という不況に陥ることになった。この主要因は資源エネルギーブームの終焉と言われている。この結果賃金の高止まり、高失業率、インフレ等の事態が生じた。これに対して政府、労働者団体、企業の三者が「ワッセナー合意」（1982年）を締結して、社会保障改

革、労働時間の短縮、賃金の削減を実施した。これが所謂「オランダモデル」というものである。これによって、女性の働く形態が変化した。すなわち、パートタイムとフルタイム勤務形態の待遇格差が禁止された。すなわち同一労働、同一条件が達成されたのである。これによってオランダ経済は奇跡的に復活したのである。

　こうした、パートタイムとフルタイムの条件整備により、フルタイムであってもフレキシブルに労働時間を短縮することができ、女性に対して出生率の向上と育児に影響を与えた。同時に図表1-5、図表1-6のように子育て支援が整備されたのである。具体的に女性の子育てを支援する法律として、パートタイムとフルタイムの待遇格差の禁止を定めた「労働時間差別禁止法」（1996年）、出産・育児休暇について定めた「労働とケア法」（2001年）、児童保育・学童保育への支援として、「保育法」（2005年）等がある。

（2）子ども手当（児童手当）

　子育ての主たる経済的支援として、オランダでは①「子ども手当」と②「育児手当」がある。①「子ども手当」は18歳未満まで所得制限なしで支給される。支給金額（2019年）は1か月で0〜5歳が219.05ユーロ（2019年1ユーロ123円で換算した結果、日本円で約2万7,000円）、6〜11歳が267.10ユーロ（約3万2,800円）、12〜17歳が287.21ユーロ（3万5,000円）となっている。この子ども手当は外国籍の親でも子どもが年齢規定に該当すれば給付されるが、オランダでは小学校から高等学校までの教育費は無償となっており、子ども手当の支給が加わることで、高等学校まで就学、学業継続に経済的に心配する必要はないのである。また、②「育児手当」は就学前の子どもの親が仕事と育児を両立（ワークライフバランス）できるように提供されるもので、保育施設等の費用を支給する制度である。

　なお、低所得者世帯に対して、①②以外に「養育費支援のための税金控除制度」（リヒテルズ 2011: 45）があり、子育てのための支援策となっている。

（3）大学生に対する財政支援

　オランダでは、大学生からは教育費は無償でなく有料で、その内訳は授業料、下宿（部屋）代、食費、国民健康保険料（18歳以上）、その他雑費等である。

　オランダの大学（修士課程、博士課程）の授業料は大学や学問分野によって異なる。

　学生に対する奨学金支援であるが保護者と同居か否かによって月額が異なる。「基礎奨学金」は全ての学生に支給される。また、「追加奨学金」は保護者の収入状況によって変わる。

　なお、オランダ国籍以外の学生であっても移住許可証を持っている学生であれば奨学金を受ける資格がある（いずれも30歳未満）（大学評価・学位授与機構 2011: 23）。学生財政支援の種類は以下の通りである。

　　①基礎奨学金（成績連動型）、②追加奨学金（成績連動型）、③旅費・交通費助
　　成金（成績連動型）、④貸付金、⑤授業ローン（研究大学又は高等職業教育機関
　　（高等専門学校機関）の学生のみを対象）（大学評価・学位授与機構 2011:
　　24）

（4）教育費の無償化

　オランダでは初等学校（小・中学校）、中等学校（大学準備教育コース（大学進学準備コース）、上級中等普通コース（高等専門学校進学準備コース）、中等職業準備教育コース（職業訓練準備コース））までの教育費は無償である。すなわち、中等教育（16 ～ 18歳）まではオランダ国籍を有する者であれば学費は無料である。

引用・参考文献

五十嵐顕・大田堯・山住正己・堀尾輝久（編）（1984）「モンテッソーリ」『岩波教育小
　　辞典』岩波書店, pp.250-251.
エスピン＝アンデルセン, G（2008）『アンデルセン、福祉を語る――女性・子ども・
　　高齢者』京極高宣監修, 林昌宏訳, NTT出版.

太田和敬（2010）「オランダ教育制度における自由権と社会権の結合―国民の教育権の再構築のために―」文教大学人間科学部紀要『人間科学研究』第31号.

加藤雅人（1998）「エラスムス」『岩波哲学・思想事典』岩波書店, p.163.

黒川直秀（2015）「オランダの教育と学校選択制」『レファレンス』768.

栗原福也（1982）『ベネルクス現代史（世界現代史21）』山川出版社.

座小田豊（1998）「スピノザ」『岩波哲学・思想事典』岩波書店, p.881.

澤聡美（2018）「オランダの初等教育におけるSAMI-Concept と Vierkeer Wijer―教師と子どもの主体的で能動的な学びを促す組織改革―」『富山大学人間発達科学学部紀要』第12巻第2号, pp.151-163.

司馬遼太郎（1994）『オランダ紀行（街道をゆく35）』朝日文芸文庫.

大学評価・学位授与機構（2011）「諸外国の高等教育分野における質保証システムの概要―オランダ」.

内閣府（2018）「平成30年版高齢社会白書（概要版）（PDF版）」.
［https://www8.cao.go.jp/kourei/whitepaper/w-2018/zenbun/30pdf_index.html］

成清美治（2015）『海外の介護保障を学ぶ：オランダ、ドイツ、デンマーク、フィンランド』学文社.

成清美治（2000）「オランダにおける医療保障制度と介護保障の現状と課題」『社会福祉学研究』第4号.

成清美治（2011）「介護保険制度の現状と諸課題―オランダ・ドイツの介護保険制度との比較研究―」『神戸親和女子大学大学院研究紀要』第7巻.

水島治郎（2019）『反転する福祉国家――オランダモデルの光と影』岩波現代文庫.

リヒテルズ直子「オランダと日本における『歴史教育』の比較考察」.
［https：//sites.google.com/site/dlgnji4jp/programmas/conf03/2ric］（2019年7月2日閲覧）

リヒテルズ直子（2004）『オランダの教育：多様性が一人ひとりの子供を育てる』平凡社.

リヒテルズ直子（2011）『祖国よ、安心と幸せの国となれ』ほんの木.

リヒテルズ直子（2013）「オランダの『民主的』シティズンシップ教育―その理念と背景―」『voters』14号.

渡部菊郎（1998）「グロティウス」『岩波哲学・思想事典』岩波書店, p.395.

1more Baby応援団（2020）「オランダが『世界一子どもが幸せな国』になれたわけ」『国際文化研修』2020春, vol. 107. pp.54-57.［https://www.jiam.jp/journal/pdf/107-06-01.pdf］

付記

　第1章は成清美治（2020）「オランダにおける『教育の自由』の理念と実践―日本の初等教育への示唆―」『神戸親和女子大学大学院研究紀要』第16巻, p.19-36を加筆・訂正したものである。

第2章

福祉国家デンマークの教育

| 福祉国家デンマーク

（1）福祉国家の概要

　デンマークの社会福祉は、多様な幸福観を持った諸個人の生涯にわたる生活探求を支援する普遍主義的制度である。この制度は社会立法を端緒として、1930年代に総合的に法制化され、第二次世界大戦後にその具体化が諸党派の合意、妥協にしたがって進められてきた（小池 2017: 49）。

　また、同国の社会福祉はスカンジナビアモデルの先駆けとされている。その理由は北欧諸国共通の福祉モデルの範となっているからである。具体的には、理念・制度・政策・実践等である。ここで、デンマークの福祉国家（北欧型）の特徴を挙げると次の通りである。

① **普遍主義**：全ての国民を対象とした公的社会サービス。

② **公的施策主義**：基本的人権と権利を保障することを基本原則とする高水準の経済的保障。

③ **再分配主義**：所得移転給付（社会保障給付）により生活困窮者対策を行っている（例えば、生活困窮者が高齢者住宅に入居する場合、たまたま入居費用が不足している場合、不足分を自治体が補う等）。

④ **対人サービス**：高齢者或いは児童への対人サービスは自治体負担により原則無料である（ただし、今日自治体の財政負担を軽減するため民間サービス提供業者の参入を認め、公的サービスとの競合を行っている）。

⑤ **地方分権化**：社会福祉、教育に関する権限と財政は地方自治体（コムーネ）に委譲されており、その権限は人口規模に関係なく与えられている。

⑥ **女性の社会進出と支援**：女性の社会進出は高度経済期以降の労働力不足対策であるがその反面納税率が上昇して社会保障・社会福祉財政に貢献し、日本の現状（待機児童の存在）と真逆で女性の社会進出を支えているのは子育て支援制

度の充実である。例えば、日本と異なるのは、育児休業の期間・所得保障・休業制度の利用率、子ども手当の額と期間、産前産後休暇の相違等である。

　これらの事柄が日本と比較して、デンマークは優れており結果的に女性の社会進出を促進し、合計特殊出生率の高さに結実している。

　こうしたデンマークの子育て支援を支えているのが、子育て支援政策である（図表2-1）。

制度		デンマーク	日本
産前産後休業	期間	産前4週間と産後14週間（母親） 産後2週間（父親）	産前6週間と産後8週間（母親） 産後8週間（母親＆父親）
	所得保障	最大100％	3分の2相当
育児休業	期間	原則、子どもが48週を迎えるまでの32週間（母親＆父親）	原則、子どもが1歳を迎えるまで（母親＆父親）
	所得保障	最大100％	50％
休業制度の利用率		母親：N/A　父親：79％（2008）	母親：86.6％　父親：2.3％（2014）
子どもへの手当	期間	18歳を迎えるまで	15歳到達後最初の3月31日まで
	月額	0-3歳未満　　約24,000円 3-6歳未満　　約18,000円 7-18歳未満　約15,000円 ※条件によって補助追加あり	0-3歳未満　　　　　　　15,000円 3-小学校終了 　第1＆2子　　　　　　10,000円 　第3子以降　　　　　　15,000円 中学生　　　　　　　　10,000円 所得制限以上　　　　　　5,000円
その他		出産費無料育児給付金（親が無職の場合）	出産育児一時金

出典：富士総研（2016）

図表2-1　デンマークと日本における子育て支援制度の概要

　ところで、女性の就業率向上の大きな要因の一つは、男性の育児参加の法制化（1984年）である。デンマークに続いて制度が導入されたのはノルウェー（1933年）、スウェーデン（1955年）であった。もう一つは、未就学児の保育サービスの充実である。保育所入所は0歳から3歳未満であるが、これらの児童を受け入れるのが保育所であり、3歳児以上小学校入学までの児童は幼稚園に入園することになっている。こうした未就学児童の受け入れ体制が整備されていることが日本と異なって、女性の就労率を高めている要因であり、デンマー

クのGDPを高め、結果的に国民の所得を向上させることに繋がっている。すなわち、デンマークの社会福祉国家の思想的基盤である民主主義（自由・平等・連帯）の存在を再確認せざるを得ないのである。

（2）福祉国家の動向

　デンマークの福祉国家体制は基本的に、①普遍主義、②公的施策主義、③再分配主義、④対人サービス、⑤市町村への権限移譲である。また、社会保障を享受する権利を個人のシチズンシップ（市民権）にありとし、サービスの提供主体は、地方自治体となっているため（一部のサービス部門においはて民間企業の導入あり）、近年はデンマークの福祉国家を、自治体主体の福祉サービス提供であるため、「社会福祉国家」と呼称している。尚、同国は行政機能の効率化（医療・教育・福祉等）を図るため2007年に地方制度の改革を行い、14のアトム（県）を五つの広域行政圏であるレギオンに再編成し、275のコムーネ（地方自治体）が98に統合された。行政組織は再編後の国、レギオン、地方自治体の各権限は、国の権限が予算・法律・国民年金・高等教育・成人教育・財源（国税）等とし、レギオンの権限が医療・保健、財源（医療保険税）とした。また、地方自治体の権限が福祉・教育（初等・中等・障がい）・財源（市税）等とされた。なお、デンマークは他の北欧の福祉国家と同様、高福祉・高負担となっているが、高額な税負担に対して国民は社会保障サービスの充実に納得しており、結果的に国民の社会連帯意識を醸成することに結実している。

　今日デンマークが福祉国家として存立している要因の第一は民主主義（自由・平等・連帯）の獲得である。この背景には1840年代に盛んとなった「農民運動」とN・F・S・グルントヴィ（Nikolaj Founder Severin Grundvig: 1783-1872）の国民教育運動がある。第二の要因は社会保障、社会福祉政策の推進である。

　デンマークの社会保障制度関連の法律の整備は財源を租税とした「貧民救済法」（1891年）、「老人支援法」（1891年）、財源を保険料とした「医療保険法」（1892年：のちに財源を租税とする健康保険制度に変更）、「失業保険法」（1907年）、財源を租税とした「障がい者手当に関する法律」（1921年）、「改正老人法」

（1933年）等が成立し、デンマークの社会保障制度が確立した。その後1933年の社会民主党による社会保険改革が行われた。それは50以上あった関連する法律を四つの法律にまとめたものである（「国民健康保険法」「失業及び職業紹介に関する法律」「事故保険法」「公的保護に関する法律」）。こうしてデンマークは第二次世界大戦後「福祉国家」としスタートするのである。

　第三の要因は地方分権化の確立である。この点については既述した通り2007年の地方自治体の改革であった。第四の要因は女性の社会進出であった。この背景には高度経済成長期の労働力不足を女性が補うという役割があったのである（成清 2014: 2-3）。

　しかし、女性の進出は単に労働力の補填だけではなく、子育て支援に対する様々な福祉サービスの拡充にも繋がった。このことが今日のデンマークの急激な出生率低下を鈍化させることに繋がっている。

　ところで、2020年度の国内総生産（GDP）は356.085億ドル、前年の2019年度は347.56億ドルで若干であるが伸びている（資料：GLOBAL NOTE、出典IMF）。

　経済（GDP）堅調の要因としてコロナ禍にあって、輸出と輸入の収支のバランスが良好であることを挙げることができる。輸出品目としては風力タービン、医薬品、機械、乳製品、肉製品、デザイン等となっている。また、輸入品として機械設備、工業用原料、穀物、食品、消費財等となっている。

　なお、輸出額相手国の順位として、ドイツ、スウェーデン、イギリス、アメリカの順となっている。これに対して輸入額相手国の順位としては、ドイツ、スウェーデン、オランダ、中国の順となっている。このように国家経済は世界的なオミクロン禍でも順調に推移しているが、課題として挙げることができるのは、近年、デンマークでは高齢化（2020年で20.16％）の影響もあり、公共福祉関連に関する支出増（特に高齢者対策費）となっており、その結果社会的諸サービスである医療・福祉サービスの低下、国営病院の閉鎖、それに伴う医療サービスの低下を招来しており、その結果、国民の中には自衛のため民間保険に加入するものが増加している。こうした国民の日常生活に影響を与えている公共の福祉に対する緊縮財政のもとで今後も高福祉を持続することができるのか

予断を許さない状況にある。

　次に福祉国家の礎を構築してきたデンマークの教育について見ることにする。

第2節　デンマーク教育の礎を築いたグルントヴィ

(1)「死の学校」から「生のための学校」へ

　国民高等学校（フォルケホイスコーレ：folkehøjskole）の創設者であり、デンマークの民主主義社会の発展に貢献した教育者・宗教家・詩人・歴史家・思想家等の肩書をもつグルントヴィ（Grundtvig）は、国際的にその名を轟かせた童話作家アンデルセン（Hans Christian Andrsen）や哲学者キルケゴール（Søren Kierkegaard）と比較して、戦前の日本ではその名はあまり知られず、戦後20世紀になってその業績にスポットライトが当てられるようになり、多くの研究論文・著書が出版されるようになった。

　ところで、デンマークでは、農民運動、スカレースヴィ戦争の影響もあって、絶対王政の崩壊から自由主義的君主制へ政治体制が変化するが、グルントヴィは国民の大多数を占める農民の教育体制を整備することが急務であると考えていた。そのことが結果的に農民の声が政治に反映されることになる。しかし、政治は新たなる仕組み・体制に変化したが、主権力者は一握りのブルジョアであったため農民の置かれた状況は一向に改善されなかった。そこでグルントヴィは農民の自由を獲得するためには旧来のラテン語を中心とした一部の特権階級のための教育のあり方を変革する必要性を感じていた。当時の教育の支配は王室にとってかわった都市ブルジョアジーでコペンハーゲン大学で貴族や牧師たちの子弟と肩をならべて、普遍ヨーロッパ文化、ギリシャ・ラテンの古典や近代フランス・ドイツの学問を学んだ人々であった。グルントヴィの言葉を借りれば、「（大学へ入るための）ラテン語学校の毒に染まった子どもたち」でしかなかった。

　こうした特権階級の養成は、絶対王政時代とほとんど変化がなかったのであ

る。その教育方法はラテン語を中心にギリシャ・ラテンの古典文化並びにドイ
ツ・フランス啓蒙文化の教授・暗記・詰め込みによる一方的な教育方法であっ
た。そこにはコミュニケーションを意図する「生きた言葉」(「語り合う言葉」)
と「相互作用」による対話は存在せず、民衆教育ではなく、エリート養成の教
育であった。すなわち、聖職者・学者・官僚を養成するための教育であった。
そこには教育において基本理念である教師と学生・生徒の対話は存在せず、従
順な奴隷を求める「死の学校」(清水　1996: 90) であった。このような現状に対
してグルントヴィは特権階級の養成ではない、一般市民 (農民) のための学校
の必要性を提唱した。それが、フォルケホイスコーレであった。その基本理念
は、デンマーク人の自尊感情を奮い立たせるためのデンマーク語による北欧神
話 (北欧文化) を中心とするものである。

　それは、単なる教授・暗記・詰め込みによる教育方法でなく「相互作用」によ
る生きた言葉による「生のための学校」である。この背景には彼のオーフスでの
ラテン学校での味気ない無味乾燥な教育の憎悪、反省がある (清水　1996: 96-104)。

(2) グルントヴィの自由主義思想

　グルントヴィの自由主義思想形成に影響を与えたのが1828年から3年間に渡
るイギリス留学であった。

　彼はもともとイギリス文学に興味があり、イギリスの市民生活、学問的研究
からも影響を受けた。なかでも活気ある市民生活に強い印象を受けたのである。
当時のイギリスは産業革命を経て資本主義社会を形成していた。そして、資本
家と労働者という階級社会を構築し、人口の都市集中、労働環境・住環境・衛
生問題等をめぐって労働者と資本家の対立があった。しかしながら、幾多の問
題を抱えながらイギリスは、社会政策 (工場法：1833年、救貧法：1834年など)
や労働運動 (チャーティスト運動) や社会主義思想の勃興等により、少しずつ
社会改革が行われ議会制民主主義の体制が整備されつつあった。また、産業革
命のもとで経済の発展に伴って、政治においても選挙権の拡大に伴う自由主義
的改革が行われた。その結果、イギリスの民主政治の確立に繋がることになっ

た。こうした時代背景におけるグルントヴィのイギリス留学は彼の後の活動に大きな影響を与えたのである。

　彼は、その生活習慣がイギリス社会の個人的自由に端を発すると知覚し、それ以降のグルントヴィの40年の出版や政治上の生活の成功は、彼がイギリスで得た諸々の印象やそれらの印象から沸き起こった諸々のアイデアに基づくものであった（ダム 2014）。

　ここでグルントヴィの提唱する自由の概念について述べる。彼の自由の概念は次の通りである。

① 宗教の自由（良心の自由）。これは精神的な側面である。
② 市民の自由。これは市民社会と自由市場にその現れを持つ。
③ 個人の自由。これは身体の自由も含まれる。（コースゴー 2016: 53）

　彼の自由概念構築の背景には民主主義の発祥の地であるイギリスに関する研究（シェークスピア研究）が多分に影響しているのである。彼が説く自由とは、思想が異なる者たちへの寛容を意味するだけでなく、その違いを意見の生きた相互作用がなされる条件として実践的に見なすことであると定義したのである。

(3) フォルケホイスコーレの構想

　グルントヴィのホイスコーレ構想は、ラテン語やドイツ語に基づく当時の人文主義教育を激しく批判し、デンマークの①国王、②民衆、③祖国、④母語の「四つ葉のクローヴァー」からなるブロックの民衆的「党派」を自認した。すなわち、グルントヴィのホイスコーレ構想ははっきりと、18世紀のアダム・スミス（Adam Smith）の文明的国民やフランス革命の普遍的・政治的国民とは位相を異にするもので「民衆的国民」の立ち上げの企図だったのである（小池 2017: 201）。

　すなわち、一部上流階級（上層階級）のための教育機関ではなく広く民衆（農民）のための教育機関の学校設立構想である。彼は学校の教師の経験はな

いが、これまで家庭教師や教育活動の経験があった。その経験は当時の学校制度に対する疑問に繋がった。その結果、学校は広く民衆が教育を受けることによって民衆自身が政治への参加を可能にする民主主義的教育の場であることが重要であるとグルントヴィは指摘した。この構想の背景には彼の幼少時代に受けた障害をもった老女との人間味溢れた対話、6歳から6年間のユトランド半島でのフェルド牧師のもとで学んだ自然と北欧神話の世界、ラテン語学校での辛くて息苦しい学校生活、3年間のイギリス留学先のケンブリッジで体験した教師と学生の対話形式の授業（「相互作用」）、或いは市民生活の体験により得た「自由主義」、コペンハーゲン大学卒業後の人気作家と聖職者（布教活動）との二足の草鞋の生活、合理主義神学者H・N・クラウセンとの教会観についての論争等の経験があった。

　フォルケホイスコーレの構想は、デンマーク語を駆使した北欧神話やデンマーク文化等による民衆の人間的成長を目指した誰でも学ぶことができる民衆のための学校であった。グルントヴィのフォルケホイスコーレ構想には当時の王室も経済的に支援したが、絶対王政の崩壊により、国王に代わって政権を取得したブルジョア階層の指導者たちは、このフォルケホイスコーレ構想を理解することなく従来通りの特権階級のための教育を継続することを考えていた（清水　1996: 95-100）。

　しかし、農民運動等の広がりも手伝って、熱心なグルントヴィの支持者により最初のフォルケホイスコーレが1844年にシュレスヴィの南部に位置するロディンに開校された。その後、幾多の変遷を経てフォルケホイスコーレ運動の継承者であるコル（Christen Kold）が1851年、グルントヴィと支持者の協力を得て農家を改良し、農民の子弟を受け入れたフォルケホイスコーレが開設された。この教育思想はのちのデンマークにおける公立学校にも浸透し、試験のない対話中心の教育システムへと継承されていくのである。

（4）フォルケホイスコーレを構成するキーワード

　デンマークに開設されたフォルケホイスコーレの建設は、その後全国各地に広がることになる。このセクションではフォルケホイスコーレ思想の構成について述べる（図表2-2）。

図表2-2　フォルケホイスコーレを構成するキーワード

1）宗教（キリスト教）

　デンマークにキリスト教が広まったのは9世紀頃と言われている。それまでは北欧の多神教が信仰されていた。デンマークにキリスト教を伝えたのは伝道師のアンスガル（Ansgar）であった。彼は北欧伝道の途中でデンマークに立ち寄りキリスト教の布教活動を行った。その後キリスト教は国民の間に浸透し国教となる。その後16世紀のルター（Martin Luther）の宗教改革がデンマークにも波及した。当時、絶対王政であったが実質的に権力を把握していたのは国王ではなく、貴族であった。そして、クリスチャンⅢ世（Christian Ⅲ）のもと宗教改革によってカトリック教会に関係する聖職者の罷免、教会領の没収が行われ、ルター派の国家とした。のちにグルントヴィによる教会批判の結果、教会観が聖書中心主義から信仰者中心主義に転換されることとなった。

　ところで、何故キリスト教がデンマークにおいて広く布教したかの理由について、グルントヴィは主著『ホイスコーレ・上』で次のように書き記している。

「信仰は自由の問題であるという感情がデンマークにおいてたいへん深く、力強いものであったが、このことは、キリスト教にそれ固有の諸手段による布教が認められ、何らかの障害もなかった国は他になかったこと、さらにキリスト教がこれほど遅い時期に国法となった国も他になかったことからもはっきりわかることである。」（グルントヴィ　2014: 27）

　幼少の頃からカトリックに対する親近性から少なからず影響を受けてきたグルントヴィにとって、キリスト教の「慈愛」の精神はフォルケホイスコーレ運動における民衆の精神的支柱となった。

2）デンマーク語・文化

　当時のデンマークの学校はラテン語中心の授業で、ブルジョア階級（聖職者・貴族）の子弟を対象とする教育機関であった。

　これに対してグルントヴィは下層階級に属する庶民や農民を未来のデンマーク社会を構成する要員として位置付けた。そして、庶民・農民がデンマーク人としての誇り（愛国思想）と自信を体得するため、ドイツやフランスの文化ではない祖国の母語デンマーク語によるデンマーク独自の文化を習得させ、デンマーク人としてのアイデンティティを確立させると同時に、士気を鼓舞した。

3）民主主義

　グルントヴィがフォルケホイスコーレ運動を進める上で民衆に欠如していたのは「自由」であった。彼が生きたデンマークの社会は身分社会であった。絶対王政時はピラミットの頂点は国王で絶対王政崩壊後はその頂点に貴族、聖職者が君臨した。

　グルントヴィが生きた時代は第一身分が聖職者、第二身分は貴族、第三身分が庶民、農民は最も低い第四身分で国民の大多数を占めていた。したがって農民は社会的地位も低く、経済的には困窮する者も多く、当然、政治的にも弱者であった。

グルントヴィが最も教育が必要であるとした階層は農民でありそこには差別・不平等が蔓延していた。この身分社会の中で同時代に生きた童話作家のアンデルセンも父親が靴職人であったため、長期間にわたり「姓の差別」で苦しんだと言われている。

　しかし、1848年にフランス革命の影響もあり、コペンハーゲンで大規模な市民運動が勃発し、自主憲法の制定を要求した。これに対して王室が市民の要求に屈する形で絶対王政が終焉することになった。そして、翌年の1849年に自由主義を標榜する『デンマーク憲法』が発布されデンマークの民主主義がスタートとした。この結果、グルントヴィは国民意識形成のため民衆のための民衆教育を要求した。そして、彼は雑誌『デンマーク人』（1848 ～ 1851年刊行）で「隷属から自由へ、階級制度から万人の平等へ、全体の必要と共通善と関わらなければならないものは全て秘密から公開へ」と表現している（コースゴー2016: 61）。フォルケホイスコーレ運動において民主主義思想が重要であると自認していたのである。

4）北欧の学問的連携

　北欧ではかつてスウェーデンとデンマークによる幾度かの覇権争いがあった。

　その後19世紀にスカンジナヴィア主義が芽生え、北欧の共通のアイデンティティが確立していった。グルントヴィは自己を侵すべからずものとし、個人の自由を最大限尊重した。この土壌のうえに立って彼は北欧諸国間における学問的連携をフォルケホイスコーレ構想において考えていたのである。その結果として彼はラテン語大学に代わる北欧大学設立構想を持っていた。このことから、グルントヴィが考えていたフォルケホイスコーレは聖職者や官僚の一部のエリート養成ではなく北欧の人々が望む庶民のための学校であり、北欧の発展を目的とした北欧大学構想である。

　実際、フォルケホイスコーレはデンマーク国内だけでなく北欧諸国にその精神が伝えられた。

5）生の啓蒙

　啓蒙主義／運動は17世紀末にヨーロッパに起こり18世紀に全盛期を迎える。啓蒙の意味は宗教・政治・社会・教育等における古い慣習を改め合理的思想に基づいて新たなる秩序を生み出すことである。

　グルントヴィはこれまでデンマークにて行われてきたラテン語（ラテン語支配）を中心とした貴族・聖職者等のための中世以来の学校制度を「死の学校」と批判すると同時に不必要で有害ですらあると断定した。何故ならば退屈で無味乾燥な死の学校は人間の生のためにおいて啓蒙的でなく、本来多くの子どもたちが具備している「生きる力」を排除するからである。

　そこで彼が提唱したのは、学校は生のための（生きた）啓蒙の施設でなければならないとする。すなわち、学校は生の問題を取り上げ、生の有益性を啓蒙することが大切であるとする。これまでの教育はラテン語中心の学校・教育で聖職者や官吏になるための単なる手段にすぎない。そこで、本当の愛国心を持った庶民を育てるための生きた学校でなければならない。これまでのデンマーク社会に蔓延っていた旧教育体制を打破し、フォルケホイスコーレの基礎を支える「生きた啓蒙」が啓蒙された成熟した民衆を生み出すために必要である。

　そして「生の啓蒙」は民衆の生の教育において、労働と精神的成熟の成果をもたらし、今日のデンマークの専門的知識と実践を合体させた教育制度の土台を築いたのである。

6）相互作用・生きた言葉

　グルントヴィの提唱する相互作用・生きた言葉は、教育の実践場面において知識を一方的な権威主義にて暗記させる教育ではなく、また、単に知識を教授するのではなく、対等関係における対話・コミュニケーションを意味する。対等による人間関係は相互の意見や思いを吐露し相互の「信頼関係」と「友好関係」を生み出すことに繋がり、そこに民主主義の基盤が形成されることになる。

　グルントヴィはこの方式をフォルケホイスコーレに用いることによって生きた知識が養われるとした。

第3節　グルントヴィの福祉国家形成への影響

　グルントヴィは国民の間に民主主義的思想を広めたが、彼自身必ずしも民主主義者ではなかった。すなわち、彼は民衆の立場に立った「民衆主義者」であったが基本的に王政主義者（君主主義者）で民主主義の良さを認めながらその危うさから懐疑的であった。しかし、彼は民衆のためのフォルケホイスコーレ運動を推進するため民主主義（自由・平等・博愛）の必要性を痛感していた。当時のデンマークの人口の大部分を占めていたのが農民である。グルントヴィはこの農民層に学問を学ぶ機会を与えることが農民の解放に繋がり、知識階級（特権階級）と対等に議論・討論することができるようになると考えていた。そしてフォルケホイスコーレ運動を通じて今日のデンマークの民主主義が培われたと言える。一方、福祉国家の構築であるが、世界で最も早く福祉国家の建設に着手したのは第二次世界大戦後のイギリスである。福祉国家の基本理念は、イギリスの社会改良主義者であるウェッブ夫妻（Webb, Sidney & Beatrice）によって提唱された最低生活保障であるナショナルミニマムに求めることができる。この理念はイギリスの経済学者ベバリッジ（Beveridge, William）の社会保険の原理に導入された。そして、社会保険を中核としたイギリスの福祉国家建設が始まるのである（成清　2012: 36）。

　それでは、グルントヴィの思想がデンマークの福祉国家形成にどのように影響したのであろうか。

　彼はこれまで述べてきたように教育思想家であると同時に教会改革者、政治思想家でもある。彼の理想は「豊かすぎる者は少なく、貧しい者はより少ない社会」（コースゴー　2016: 61）の建設にあるとした。グルントヴィの活動はグルントヴィ派に継承されたが、グルントヴィ派は彼の理念に基づく社会活動（特に教育活動）に貢献したが、それが直接的に社会福祉には繋がったわけでもなく、国民高等学校出身の人材の手で福祉国家建設がされたわけでもないが、デ

ンマークの福祉国家建設における精神的な起点をたどろうとするとき、グルントヴィらの活動及び特にその国民高等学校に言及しない人はいないであろう。それほどまでに、グルントヴィと現代デンマーク社会との結びつきは深いと言える（仲村・一番ケ瀬 1999: 148）。

　このようにして、デンマークの北欧型普遍主義福祉国家は、グルントヴィの国民高等学校の思想的影響も受けて1970年代にその基盤が構築されたのである。

第4節　ニヴォー学校

（1）ニヴォー学校の概要

　2019年11月に視察したニヴォー（Nivå）学校はデンマークの自治体フレデンスポーク市の海岸沿いの町ニヴォー（2021年現在人口は7,991人）に存在し、小・中一貫校で在校生数は約670名で110名の教員・職員が勤務している（2021年現在）。校舎は、北側の訓練部門と南側の教育と中間部門に分かれている（写真2-1）。

　なお、ニヴォー学校は生徒数の減少に伴ってフレデンスボー市はこれまで分散していたニヴォー中学校、ニヴェロゴート学校、カルレボ学校を統合してニヴォー学校を2022年8月1日に新たに誕生させた。

　また、当校には三か所のSFO（Skole Fritids Ordning、直訳すると「学校の余暇時間の解決」、意訳すると「放課後余暇センター」）が併設されており、内容的に日本の学童保育に近く、スポーツ活動、音楽活動、モノづくり活動、読書会活動、動物飼育活動、手芸・編み物活動等が行われている。

写真2-1　ニヴォー学校の入り口

この学校の校地付近には森、湖、ビーチがありSFOを設けるには適した場所である（土地・建物共に）。当校でのSFOは6〜9歳、10〜12歳向けに設定されている。このSFOは小学生全学年向けとして存在するが、その目的は参加する子どもたちがテーマを通じて相互の対話を促進するためである。この対話を通じて、相手を理解することになり、相手に対する思いやりや相手の言葉への感想など素直にその場で表現することが、プレゼンテーションや表現力の礎になる。

　今後のビジョンとして、2025年にはニヴォースクールとSFOが統合され、ニヴォーシティセンターの中核となり、学校にプラスして、ケアセンター、カルチャーハウス、図書館が設置されることとなり、学校と地域社会が連携することになっている。

（2）ニヴォー学校（中学校）の授業風景

　視察した中等部の教室の授業担当者はロベルト（David Roberto）氏で心理学の専門家である。

　クラスの生徒数は25人程度、各テーブルに4〜5人の生徒（男女混合）が着席し担当教員から出されたテーマについて議論する伝統的な対話方式を採用している（写真2-2）。

　一つのテーマについて各テーブルに参加している生徒同士が話し合い、結論がでてから課題発表となるが、各テーブルに参加している生徒がテーマに基づき「グループ学習」を行う。この授業形態はデンマークの伝統的な学習形態で「考えて」「一緒に学ぶ」教育実践である。

　なお、テーマに関してグループ内で結論が出ない場合、休み時間を利用してグループの生徒が教室

写真2-2　中学校の授業風景

外で話し合うケースもある（写真2-3）。こうした授業風景は日本の授業では、あまり見慣れない珍しい風景である。このように担当教員から出されたテーマを各テーブル参加者が討論する形式は参加者相互が意見を交換し、互いに傾聴することで他者の意見を尊重することに繋がる。

写真2-3　教室外で課題学習をする中学校の女子生徒

　この際重要なのは担当教員の姿勢で、決して自ら事前に生徒に回答するのではなく、生徒自らが答えを導くような指導が大切である。すなわち「教える授業」ではなく、コミュニケーション力を促進する「対話教育」である。これはグルントヴィが提唱してきたデンマーク教育の伝統である。この対話教育が日本の教育において欠如している点である。

　授業担当者ロベルト氏によると遅刻が10％を超える生徒に対しては、授業担当者が電話等で両親或いは養育者に対して連絡することによって、できるだけ遅刻者をなくすことに努めているが、この対策にても遅刻頻度が改善されない場合、学校として教育委員会に連絡する場合もあるとのことである。このことは生徒に罰則を科すことではなく、生徒自身が自覚・自立することを側から見守ることになる。また、生徒に対しては学校内だけでなく学校外の活動（例えばボランティア、学外諸活動等）にも注視し生徒の全体像を把握することに努めている。

　こうして学校全体の教職員は、生徒の学びの機会をできるだけ提供し、生徒の個性を伸ばす努力をしている。最後にロベルト氏が「講義方式では、子どもの力や個性を伸ばすことはできません」と言われた言葉は大変印象深いものがある。クラスは少人数制をとっており、25人程度（法律では28人以下）となっている。

第5節 ▌ 転換期のデンマークの教育制度

（1）学校体系

　デンマークの教育の基本概念は、子どもが国民学校にて社会参加、自由と民主主義社会のもとで権利と義務を学び準備する場である。国民学校法は日本の教育基本法に該当するが、教育に対する最終的権限は各コミューン（市）にあり、学校の運営は法律によって義務付けられている「学校理事会」が行い、具体的教育内容（例えばカリキュラム等）の設定は各学校の裁量に任されている。

　ところで、デンマークの学校体系は図表2-3の通りで、保育所、幼稚園の経費は原則各コミューン（市）が負担する。

　義務教育はゼロ学年（就学前学級）から国民学校の9年生まででであり、授業料は無償である。教師の勤務は授業のみで、放課後の課外活動は専門職員が担当することになっている。予備学年は1年間で、学習の遅れている生徒や進路の心の準備が整っていない生徒が在籍することになっている。また、国民学校（フォルケスコーレ）を卒業した生徒はギムナジウム（大学進学のための高等学校）或いは職業教育（商業ギムナジウム或いは技術ギムナジウム、職業学校等）に進学し、最高学府である大学・大学院の授業料は無料である。なお、各ギムナジウム、職業学校に進学（後期中等教育）する場合入学試験はなく、国民学校9年生時の筆記試験と口頭試験の成績（卒業試験）によって振り分けられる。そして、大学入学試験もなく「高等学校卒業資格」の成績によって大学の進学先が決定する。

　また、国民学校での授業中の課題に対しては、クラス同士の仲間との協調・共生或いは個人主義を習得するため、クラス仲間が議論し合って回答するのが通例となっている。そして、小学校から大学まで授業料は無償であるが、生活保護を受けている家庭の子どもの各種の教育費の負担は無しとなっている。

　現在のデンマーク公教育の構築に影響を与えたフォルケホイスコーレについ

62

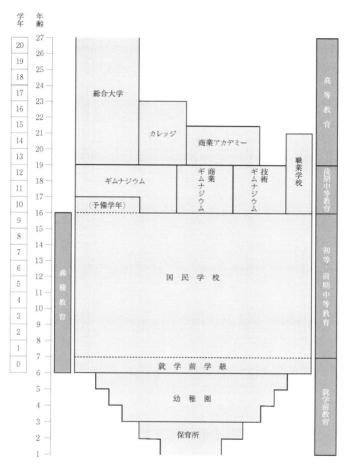

図表２-３　デンマークの学校体系

出典：文部科学省「世界の学校体系」

て、その概要は以下の通りである。

　周知の通りフォルケホイスコーレは「国民高等学校」であると表記されてい
るが、本来、その目的は旧来の特権階級の教育を否定し、学校に通えない農民
のために開校されたものである。その運動は民主主義（自由・平等・連帯）に
ついてフォルケホイスコーレを通じて学ぶことにある。現在、デンマークには

70校近くが存在する。入学資格は17.5歳以上でその教育目的は民主主義の育成で、教育方針は、入学試験なし、単位・資格付与なしの対話中心の教育を行っており、入学者全員が学校内の寄宿舎に入ることになっている。また、教育分野は、①アート、②スポーツ、③哲学、④福祉等となっている。学生の出身地は世各国で、授業は原則的に英語で行われている。また、近年ではシニア向けのフォルケホイスコーレも開校されている。学ぶ内容も専門性重視ではなく教養中心となっている。なお、学校の規模は大きくなく、小規模なものが大多数を占めている。

(2) 国民学校の改革

　今回のデンマークの教育制度改革であるが、改正「国民学校法」(2014年)に基づき、国民学校改革(2015年8月1日施行)が実施された翌年に職業教育改革(2015年8月1日施行)が実施された。まず、国民学校改革であるが、その改革の主たる理由は、①デンマークが公的教育において他の北欧諸国と比較して遜色のない費用負担を行っている。しかし、OECD（経済協力開発機構）によるPISA（生徒の国際学習到達度調査）の成績は中位である。故に生徒の成績向上を図る（特に読解力と数学）ためである。そして、②それに伴う教育内容の改正等である。

　国民学校の生徒の成績向上のために掲げられた事項は次の三点である。

① 国民学校はすべての生徒がその潜在能力を発揮できるようにしなければならない。
② 国民学校は学習面の結果に対する社会的背景の影響を少なくしなければならない。
③ 国民学校の専門的知識と実践への敬意を通して、学校の信頼と生徒の幸福を強めなければならない。（谷・青木 2017: 31)

　改正「国民学校法」の改革の第一点は、年間授業時間数の増加である。改正

前（旧法）は幼稚園クラス〜2年生が800時間、3年生880時間、4〜5年生960時間、6〜7年生1,040時間、8〜10年生1,120時間（1時間は45分）。しかし、改正後（新法）は幼稚園クラス〜2年生1,200時間、4〜6年生は1,320時間、7〜9年生は1,400時間と大幅に増加した（1時間は60分）。第二点は、教科別授業時間（必修最低時間数及び推奨時間数）が規定された。たとえば、人文科学分野の「デンマーク語」は1年生330時間、2年生300時間、3年生270時間、4〜9年生210時間となっている（図表2-4）（谷 2016: 54-55）。

学年	幼稚園クラス	1	2	3	4	5	6	7	8	9	合計時間数
A.　人文科学											
デンマーク語（必修最低時間数）		330	300	270	210	210	210	210	210	210	2,160
英語（推奨時間数）		30	30	60	60	90	90	90	90	90	630
ドイツ語またはフランス語（推奨時間数）						30	60	90	90	90	360
歴史（必修最低時間数）				30	60	60	60	60	60	30	360
キリスト教（推奨時間数）		60	30	30	30	30	30		30	30	300
社会（推奨時間数）									60	60	120
B.　自然科学											
算数／数学（必修最低時間数）		150	150	150	150	150	150	150	150	150	1,350
自然／技術（推奨時間数）		30	60	60	60	60	90				360
地理（推奨時間数）								60	30	30	120
生物（推奨時間数）								60	60	30	150
物理／化学（推奨時間数）								60	60	90	210
C.　実技											
体育（推奨時間数）		60	60	60	90	90	90	60	60	60	630
音楽（推奨時間数）		60	60	60	60	60	30				330
美術（推奨時間数）		30	60	60	60	30					240
手芸及びデザイン、調理（推奨時間数）					90	120	120	60			390
D.　選択科目（推奨時間数）								60	60	60	180
E.　学年ごとの年間最低授業時間数	600	750	750	780	900	930	930	960	960	930	7,890（幼稚園クラスを除く）／8,490

備考：時間数は時計の1時間を指し、休憩時間は含まない。
出典：谷雅泰（2017）「国民学校の改革」谷雅泰・青木真理編著『転換期と向き合うデンマークの教育』ひとなる書房、p.35.
一部加筆修正

図表2-4　教科別授業時間（必修最低時間数及び推奨時間数）

第三点はUU（補足的授業）とFF（専門深化）が週2回設けられた。今回の改正の特徴は、①年間授業時間数の増加、②教科別授業時間数の規定、③UUとFFが新たに規定されたことである。

　国民学校法の改正によりデンマークの教育制度改革がPISAの結果（デンマークの成績は中位）を意識した全生徒の学力向上を狙ったものであるが、強いて言えば、今回の教育改革（国民学校改革）が学力の底上げ或いはデンマーク経済の国際競争力強化に繋がるかもしれない。しかし児童・生徒の放課後の自由な時間が削減されることはグルントヴィの教育思想を継承し、北欧諸国の教育制度を牽引して、デンマークの教育を育んできた民主主義教育（自由・平等・主体性）が後退しないかが危惧される。

（3）職業教育の改革

　デンマークの職業教育には、①EUD（若年層の職業教育）、②EUV（成人のための職業教育）、③EUX（職業訓練）がある（谷・青木 2017: 179）。

　今回の職業教育の改革は、改正「国民学校法」に基づいているが、その目的は、①職業教育10年生クラスの新設（2015年8月の新学期から実施）と、②労働市場の需要に適切に対応できる専門職を養成するためである。これまで10年生クラスは設けられていて、生徒の教育選択の期間としての役割を果たしてきた。しかし、今回の新たなる職業教育10年生クラスの新設は国民学校を修了し、職業教育に興味を示しながら進路に自信を持てない生徒のために進路決定のための準備期間として設けられたものである（年間最低840時間の授業数）。

　一方、②EUVについてであるが、デンマークの業種別就業者の分布について図表2-5から検討する。デンマーク国内の業種別男女の就業者数の分布において、圧倒的に多いのは行政・教育・保健で全体の32％を占めている。この教育・保健（福祉職）分野では女性の占める割合が高く70％が女性となっている。次に多いのは商業・運輸業24％、そして、製造業・鉱業・採石業・光熱水道業13％、その他ビジネスサービス業10％となっている。こうしてみるとデンマークの業種別就業者のうち、如何に多数の就業者が公的サービス部門に

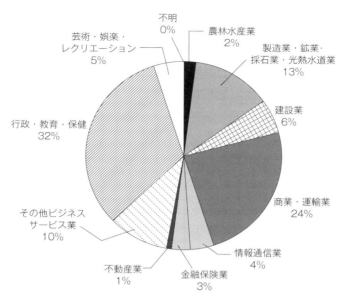

出典：労働政策研究・研修機構（2016）『北欧の公共職業訓練制度と実態2016』p.57

図表2-5　業種別就業者数の分布（2015年第4四半期）

従事しているかが分かる。このようなデンマークの就業者の割合の概観を通して、これを支える職業教育の改革について明らかにする。

図表2-6は教育訓練制度の概要であるが教育訓練は初等・前期中等教育（国民学校）を卒業すると、後期中等教育（高校）進学か或いは後期中等職業教育（専門学校）進学に分かれる。

後期中等教育学校には、①普通高校（STX：3年制）、②技術高校（HTX：3年制）、③商業高校（HHX：3年制）がある。また、後期中等職業教育には、①上級専門学校（HF）：看護師、社会福祉士、ペタゴー等の養成（ただし、改正以前はペタゴーの資格で国民学校の教員に就くことができたが、法改正以降、4年制大学卒でなければ国民学校の教師に就けなくなった）、②社会・健康スクール（SOSU）：社会保健ヘルパー、社会保健アシスタント養成、③職業教育（EUD）：大工、煉瓦職人、電気工等を養成、④商業教育（HG）：スーパー、百貨店等の販売員

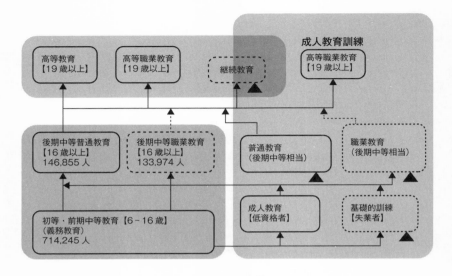

出典：労働政策研究・研修機構（2016）『北欧の公共職業訓練制度と実態2016』p.60

図表2-6　教育訓練制度の概要

の養成、⑤障がい者のための基礎的職業教育（EGU）：障がい者が学校で学ぶ
ことができるよう援助する教育等、が開設されている（谷・青木 2017: 166-168）。

　次にデンマークの高齢化社会を控えて将来的に社会的ニーズの高いSOSU
（社会・健康スクール）について国民学校法改正後の変更点について明らかにす
る。写真2-4はデンマークに存在するSOSU校で、6校存在する（ホルベク市、
ネストヴェズ市、キューゲ市、レングステズ市、スレーイルセ市、ロスキレ市）。設
立の事業体は全て自治体であり、授業料は無料となっており、自治体から在学
中給料も支給される。このSOSUの設立のきっかけは1990年の「社会保健基
礎教育法」の成立である。同法律の制定により社会保健教育の体系が整備され
た。

　今回のSOSU改革（2015年）の背景には、①高度化・複雑化する介護・保健
ニーズに対応するため質的向上を図ること、②自治体の財政負担の軽減を図る
こと、③学生の学習目的を明確にする等が考えられる。

　ところで、改革による二大変更点は、①新たな基本コースと入学条件の導入、

出典：SOSU（2017）「welcome to social&healthcare college zealand」

写真2-4　デンマークのSOSU校の所在地

②学生として雇用される者は研修生として採用し、その後、評価を受けた後自治体職員として採用する。また、SOSUのカリキュラムは学習向上のためのものとする等となっている。具体的なSOSU改革の取り組みとして、①青年にとって魅力的な環境の構築、②よりシンプルな学校システム、③よりよい訓練機会の提供、④手作業に焦点を合わせる、⑤入学条件のクリア化、⑥よりよい教育の推進、⑦継続的なインターシップ、⑧新しい複合的な中等教育の実施、⑨社会人のための新しいトレーニングの導入等が示されている（成清 2016a: 89）。

　介護専門職の養成として、これまで①社会保健ヘルパー（SSH）：1年2か月の養成期間を要する。業務は老人或いは障がい者施設等のヘルパーで医療行為は行わない、②社会保健アシスタント（SSA）：この資格を取得するためには社会保健ヘルパーの資格取得後進学するとなっており、養成期間は1年8か月となっていた。この資格の業務は高齢者の在宅支援或いは病院等での介護行為において基礎的医療行為を行う。すなわち、介護サービス行為上療養処置（人工呼吸器使用者の吸引、薬剤の調合、静脈注射等）が必要な場合適切に行うことが求められる。なお、両資格共に入学年齢は18歳以上となっており、海外からの移民が資格並びに就業において有利に働くので入学を希望する割合が高くなっている。その理由は、SOSUに入学すると同時に自治体職員に登録され職場が保障されていること並びに自治体職員として毎月給料が保障されるので経

済的・雇用条件的に有利であるというものである。ただし、デンマーク語を必ず取得しなければならないので移民にとって資格取得は容易ではない。

　なお、図表2-7の通り介護専門職等の品質は、日本の場合と異なり自治体が保証している（ネストヴェズ市の場合）。

　しかし、2015年のSOSU（社会・健康スクール）の改革により、以下の点について変更された。すなわち、入試改革においてケア・健康教育スクールに入学する学生は、①国民学校の受験生は必ずデンマーク語と数学に合格することが条件となる、②学校に入学した者（社会人を含む）はいきなり自治体職員として登録・採用するのではなく、入学後の成績等を考慮して採用される、③SSHコースの総時間数が1,680時間から1,860時間に増加（実習が240時間増加）、④SSAの総時間数が2,310時間から1,950時間に減少（実習と講義が減少）、⑤2017年より、18歳で直接SSAに入学することができるようになった。

　この2015年のSOSU改革の目的は、①学校と現場実習との関係を緊密にすること、②優秀な専門職員を労働市場に送り出すこと、③養成期間を2年から

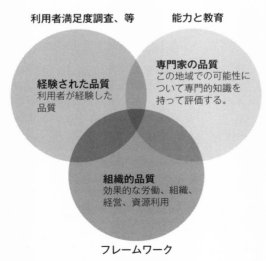

出典：デンマーク、ネストヴェズ市の基本情報

図表2-7　サービスの品質に関する考え方

5年に延長し、高度な教育を受けた優秀な職員の養成を図る等である。以上、教育制度改革（国民学校改革、職業教育改革）について検討してきた。小国でありながら「生活大国」であり「世界一幸せな国」であるデンマークが、今回大胆な教育改革を試みたが、その目的は何であろうか。新自由主義経済と経済のグローバル化の影響のもとで「学力第一主義」「点数主義」に舵を切るのか或いはグルントヴィ思想の流れを汲んだ北欧の教育界のリーダーとして成熟した教育制度（自由と平等）を維持するのかその動向が注目されるところである。

第6節　キャプタインゴーン幼稚園

　これまでデンマークの教育について見てきたが、同国の教育の原点は、幼児教育（保育所、幼稚園）にあるといっても過言ではない。一般的にデンマークの保育所、幼稚園では子どもたちは、学習は一切行わず「よく遊べ」のなかで「自分の意見を言う」或いは「挑戦する」に主眼が置かれ、「教える教育」はしないのである。

　2013年に私たち視察団が訪問したキャプタインゴーン（Kaptajngården：農場のある幼稚園）はフュン島の中心都市オーデンセ（Odense Kommun）の南、ファボー・ミッドフュン（Faaborg-Midtfyn Kommune）に存在する。園舎は100年以上前の建物を利用し、かつての屋敷の主人にちなんでキャプタインゴーン（船長の屋敷）と名付けられた。当園は1922年に園長、理事長、地域住民が一体となって設立した民間の幼稚園である。幼稚園の運営は理事会が中心となっている。保育料は国が負担し、父母の負担はない。また、園児の受け入れは58人（2歳10か月〜6歳児）で、5人のペダゴー（Paedagog：社会保育士又は社会教育士）と4人の補助職員の他実習生、用務員等の職員が保育を担っている（2013年11月現在）。

　当園では、朝園児の入園時に備えて入口にタッチパネルディスプレイを設置し、園児の確認を行っている。当園は農場のある公園で、農場にはアヒル、豚、

羊、鶏等を飼っており、豚以外全て食用の家畜として飼養されている（鶏・アヒル）。

　当園は農場のある幼稚園であるので、園児たちは常時農園の動物たちとの触れ合いの機会を得ることができ、動物の生態を知ることができる。また、園内の教室は自由に使用することができるが、この園には納屋を改造した木工作業室があり園児たちは職員の指導のもと、のこぎり、ハンマー、ペンチ等を駆使して作品をつくることができる。また、小規模なホール、バーベキュウ小屋等複数の建物からなっている。敷地は広大で辺り一面が草原である。ある棟の教室では数人の園児（女子）が集まって音楽を聴きながら会話を楽しんでいた。また、園庭では数人の園児たちが職員と一緒に焚火を囲んで談笑していた。

　なお、一日の子どもたちのスケジュールは園児の主体性に任せており、クラス分けは一切行っておらず園児はすべての建物を自由に使うことができ、各自が遊びと遊ぶ道具並びに遊び場所を自由に決めることができる（写真2-5）。ペダゴーの役割は園児が危険な場面に遭遇した場合以外園児の自主活動のサポート役に徹している。

　このように幼児期から「自由」と「自立」を自然に身に付けるのである。

写真2-5　遊具で遊ぶ園児

第7節　教育を支える諸サービス

（1）子育て支援

　現在、デンマークの福祉サービスは「生活支援法」（1976年）が1998年に廃止され、「社会サービスに関する法」（1997年）が制定され翌年から実施された。

同法によって個人に対する公共機関の責務と公共機関に対する個人の義務が謳われているが、同法によって国内に居住する国民或いは国籍を有しないが国内に居住する者に対して公的福祉諸サービスを規定しデンマーク福祉施策の基盤となっている。なお、サービスの決定、提供の責任はコムーネ（市）に存在する。

ところで、デンマークでは「子どもは神様の贈り物、年寄りは芸術の賜物」（澤渡 2005）と言われ、子どもと高齢者を非常に大切にしている。この根底には子どもは親個人の責任のみではなく、社会全体で育てるものであるという考えがある（その要因として同国では子どもと祖父母との同居がないのが普通で祖父母が日本のように孫の世話をするのは稀有である）。そのためデンマークでは子どもの育成において社会的環境が整備されている。例えば教育に関しては、義務教育〜大学・大学院の教育費は無償である。また、子どもの健康〜成人・高齢者までの医療費は無料となっている。このことは、病気・けが、障害等で就学、進学、就職を経済的問題或いは健康的問題で断念せざるを得ないという心配の種は少なくとも減少する。

近年、デンマークは出生率の低下もあって高齢化率が上昇している。そのため同国は高齢化率を抑制するためには出生率を上げる少子化対策が重要となる。ただ、出生を奨励するだけでは少子化対策は有効性が乏しいので、子育て支援、雇用、仕事と家庭の両立等の問題解消が必要となる。なかでも子育て支援は出生率向上のために最も重要課題であるばかりでなく雇用、仕事と家庭の両立にも関わる重要課題である。

まず、出産費であるが、デンマークでは無料となっている（デンマークでは婚外婚による婚外子が多くあるが日本と異なって婚外子でも社会的に認知されることになっている。このことが近年、出生率の上昇に寄与しているといわれている）。

次に出産後の子育て支援であるが、幸いデンマークでは、子どもの養育は最終的には公共の責任（社会）であるが、直接の責任は両親の協力のもとにある。そのため育児休業制度が父母共に有効に利用されている。母親は産前4週間、産後14週間、父親は産後2週間の休暇を取得することが可能で、女性が元の職

場に復帰することが保証されている。

これに対して日本では出産休業は賃金の67％が保証されている。育児休業に関しては、「育児・介護休業法」（2001年）によって父親の育児休業取得が認められているが、残念ながら企業の理解不足、本人の取得に対する理解不足もあって殆ど取得せずとなっており、子育てが母親に依存しているのが現状である。そこで政府は2022（令和4）年に育児・介護休業法を改正し、「産後パパ育休制度」を設け父親の育児参加を奨励している。その内容は子の出生後8週間以内に4週間まで取得可能となっている。母親に関しては従来通り「育休制度」として原則子が1歳（最長2年）までとなっている。ただ、法的罰則がなく長時間労働のもとで企業がどの程度理解を示し、実施に賛同するかが問題である。

デンマークでは、母親の就労率が約90％であるが、この状況を維持するため、子育て支援（育児支援）は国の施策とコミューン（市）の実施責任のもと、①保育ママ、②自治体管理のもとでの保育園及び幼稚園運営、③学童保育、④SFO（放課後余暇センター）等により、子どもが安全・安心な保育・幼稚園、

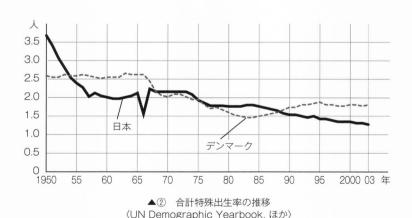

▲② 合計特殊出生率の推移
〈UN Demographic Yearbook, ほか〉

出典：恒吉紀寿「少子化対策先進国デンマーク」北九州市立大学, p.12.
[https://happylibus.com/doc/870539/少子化対策先進国デンマーク]

図表2-8　デンマークの合計特殊出生率

学校等の施設により保護され、母親たちが安心して職場で働く環境が整備され、貴重な労働力として国の経済活動に寄与しているのである。

　こうした子育て支援を中核とした、女性・雇用対策が効果を上げ、近年のデンマークにおける合計特殊出生率は上昇しており、子どもの保育・教育環境が維持されているのである（図表2-8）。こうした少子化対策が雇用対策である「フレキシキュリティ」（労働力の流動化、失業保険、職業訓練）と相まって、女性のワークライフバランスが維持されるのである。

　なお、デンマークでは離婚等による母子家庭が多数存在する。そこで主要コミューン（市）は援護策として経済的支援、離婚問題、親権、家庭内暴力等の相談を母子支援センターで受け付けている。

（2）子ども手当（児童手当）

　児童の健全な育成にとって子ども手当は、児童福祉分野において最も重要な給付である。デンマークにおける「子ども手当」は0歳から18歳まで支給される。デンマークでは保育・幼児施設として保育所（0〜3歳）と幼稚園（3〜6歳）とがあり、他に幼児保育として保育ママ等がある。また、基礎教育（義務教育）として、国民学校があり、0年生（6歳）から10年生（17歳）の生徒、プラス10年生（17歳）の生徒が通っている。この期間は学費無償と児童手当の給付により、子どもたちは保育所或いは幼稚園（遊びを通じて自己決定する）と学校教育（自由と平等を学ぶ）を通じて自立・自己決定を習得するのである。

　子どもの健全なる育成と成長にとって、また、就学を生活的側面から支援するという意味において児童手当は重要な経済的支援であるが、ここでデンマークと日本の児童手当について比較検討する。

　図表2-9より、両国の児童手当を比較して、まず、顕著な相違は、第一に日本では給付に対する所得制限が存在するのに対して、デンマークでは所得制限は撤廃している。これは、子どもは社会が育てるという考えが徹底しているからである。これに対して日本は子どもの養育は親が扶養するという概念が国・国民の間に定着していることが両国の子どもの育成に対する支援の相違を示し

デンマーク	日本
・18歳を迎えるまで、所得制限なし ・0〜3歳未満　月約2.4万円 ・3〜6歳未満　月約1.8万円 ・7〜18歳未満　月約1.5万円 ・支給期間：0〜18歳	・0〜3歳未満　月1.5万円 ・3歳〜小学校修了 　第1子・第2子：月1.5万円 　第3子以降：月1.5万円 ・中学生　月1万円 ・所得制限以上世帯には当分の間 　特例給付：月5,000円 ・扶養親族1人当たり38万円の所得控除 ・支給期間：0〜15歳

出典：内閣府政策統括官（経済社会システム担当（参考資料）2020年3月）を参考に作成

図表2-9　デンマークと日本の子ども手当（児童手当）の比較

ている。第二に児童手当の給付期間が日本は15歳までに対してデンマークは18歳までとなっている。この両国の給付期間の相違を教育との関係でみると、日本は義務教育終了まで給付すれば、公的機関の社会的責任を満たすという考えが定着している。これに対してデンマークは18歳になると選挙権も有し、親から独立した成人（責任ある社会人）と認知されており、公的責任を果たしたという考えからであると推察できる。いずれにしても、今日、原則18歳まで児童手当を給付するのが先進諸国の通例となっており、しかも我が国の高等学校への進学率が男女とも95％を超えている現実から考慮して18歳まで給付されることが望まれる。

(3) 障がい児支援

　ノーマライゼーションの父、N・E・バンクミケルセン（Nels Erik Bank-Mikkelsen）は「知的障害者の生活をできるだけノーマルな生活状態に近づける」という理念を提唱し、発展させた。彼はノーマライゼーションの理念を「1959年法」（「知的障害者及びその他の発達遅滞者の福祉に関する法律」）に結実させ、世界的に知的障害者の社会的地位向上に貢献した。この思想は自由・平等・博愛・連帯を意味するもので、全ての人類が平等で自由で差別のない社会において障がい者が一般市民と同じ普通の生活を営み、一般市民と同様の権利が保障される理念である。彼の理念は後年の「国際障害者年」（1981年）の「完全参加と平等」に生かされることになる。

　なお、「知的障害者及びその他の発達遅滞者の福祉に関する法律」（1959年）の具体的指針は以下の通りである。

① 障がい者は、社会がそれから防衛しなければならない存在ではないこと（社会防衛思想の否定）。
② 障がい者には、その障がいに応じて教育と訓練を受ける権利があること。
③ 障がい児に対する育成と指導の責任は、他の児童と同じく第一義的には両親（保護者）にあること。
④ 障がい者にとって望ましいことは、地域社会に出て生活することであり、施設での生活はむしろ一時的な必要悪である。（仲村・一番ケ瀬 1999: 63）

　こうしたノーマライゼーション発祥の国デンマークでは、高齢者福祉サービスと同様、障がい者福祉サービスの提供が世界最高水準の内容で実施されている。
　このうち、障がい児に限定したサービスは次の通りである（仲村・一番ケ瀬 1999: 68-71）。

① **ショートステイ**：障がい児を抱える家族の負担を一時的に軽減するための制度である。
② **保育所（デイケア施設）**：障がい児が家庭で生活を送るだけでなく、保育所で過ごさせたいという親の希望を取り入れて保育所で障がい児を受け入れる制度である。ただ、障がい児が保育所に通うとなると障がい児担当の研修を受けたペダゴーの配置が必要になると同時に特別にデイケア施設が必要となる。
③ **学校教育**：全ての国民にとって教育を受ける権利を有するので、障がい児はこの権利に基づいて国民学校に就学することができる。ただ、どの学校に入学するかは教育心理カウンセラーの最終判断を待つことになる。障害児が就学する場合は以下のような方式がある。（ア）普通学級で障がい児教育の専門教員がつく方式。（イ）普通学校の特殊学級で教育を受ける方式。（ウ）養護学校で教

育を受ける方式等がある。

④ **施設入所**：障がい児は原則自宅で養育されるのが望ましいが、成長発達或いは病気の進行に伴って障がいが重度化した場合、自宅で養育することが困難になる可能性があるので、その場合、障がい児施設入所となる。

　障がい児が国民学校に就学する年齢に達した場合、特別支援学校や特別支援学級で特別支援教育、普通学級でのインクルーシブ教育（障がいのある子どもを普通学級に在籍させ、障がいのない子どもと同様教育する）等で受けることになる。対象となる障がいは、弱視、難聴、知的障がい、言語障がい、難読症、学習障害、自閉症、注意欠陥多動性障がい等である（谷・青木 2017: 103）。なお、コミューン（市）による障がい児を学校の登下校時タクシーで送迎するサービスもある（公費負担）。こうしたサービスにより、国民の教育を受ける権利を保障している。

（4）学校保健師

　デンマークでは小学校に学校保健師を配属し、校内を巡視して子どもの健康を管理する。職務としては、①幼稚園クラス（0学年クラス）：入学適正検査、運動神経・視力・聴力・色覚検査、児童・保護者の支援相談、②2学年：学童への支援相談、③5学年：思春期の問題、特に女子の生理についての講義／必要のある子どもを対象に、視力・聴力検査／身長・体重検査、④6学年：男子の思春期の問題についての講義／必要のある子どもを対象に視力・聴力検査／身長・体重検査、⑤8学年：性教育、⑥9学年：小児科医による健康診断、⑦その他：アレルギー、肥満児、夜尿症など問題を抱える子どもを持つ家庭への訪問等がある（桑原 2012: 18-19）。

（5）学生支援金

　大学等に進学した18歳以上の学生に対して「学生支援金」（約10万円程度）が支給される。このサービスは、①児童手当が18歳以上は支給されないこと、

②子どもは18歳以上になると親から独立し経済的支援が途絶えること、③大学等の生活において経済的要因で学業を中断・停止することをなくすため等である。この給付により学生は下宿の家賃、食費、衣類、日用雑貨等の費用に充てることができる。不足する金銭はアルバイト等で補う。すなわち、デンマークでは国民学校〜大学院或いは高等専門学校まで学費は無償となっているので学生支援金の支給は学生にとって学業を継続するための補填金となる。

（6）教育費の無償化

　デンマークでは、小学生から大学生まで、教育費は無償である。これはすべての子どもたちに対して国家が国庫負担により子どもたちの教育を支援するところにある。当然生活保護を受けている子どもたちも同様の教育費を受けることができる。

（7）中学生の選挙

　デンマークには中学生の選挙がある。同国では日本と同様に満18歳になると選挙権が、さらに同年齢で被選挙権も取得することができる。この制度は次世代の国政選挙に関心をもたせると同時に将来の国を担う者としての自覚と将来社会人として自立・自己決定を図るための社会教育の一環である。

　2021年10月14日デンマークの学校において8年生から10年生の約8万人を対象（日本の中学2年生から高校1年生該当）とした学校選挙が実施された。デンマークの学校選挙は2015年から導入され、今回で4回目となる。学校選挙は、国会、教育省、デンマーク青年会議所の支援で2年ごとに行われる。選出される議員の数は国会議員と同数の175名となっており、議員活動についてふれている。なお、選挙期間は3週間で選挙活動に充てられる授業時間は社会科3回、国語4回となっている（スズキ2021）。

引用・参考文献

浅野仁・牧野正憲・平林孝裕編（2010）『デンマークの歴史・文化・社会』創元社．

翁百合・西沢和彦・山田久・湯元健治（2012）『北欧モデル：何が政策イノベーションを生み出すのか』日本経済新聞出版．

グルントヴィ，N.F.S.（2014）『ホイスコーレ〈上〉』小池直人訳，風媒社．

桑原敏明（2012）「デンマークの教育制度—国民を幸福にする教育と教育制度の探究（試論）—」筑波大学教育制度研究室『教育制度研究』第7号，pp.1-30．

コースゴー，オーヴェ（2016）『政治思想家としてのグルントヴィ』清水満訳，新評論．

小池直人（2017）『デンマーク共同社会の歴史と思想：新たな福祉国家の生成』大月書店．

高齢者住宅財団編（2013）『デンマーク高齢者住宅視察報告書』．

コック，ハル（2004）『生活形式の民主主義：デンマーク社会の哲学』小池直人訳，花伝社2004

澤渡夏代ブラント（2005）『デンマークの子育て・人育ち：「人が資源」の福祉社会』大月書店．

清水満（1996）『生のための学校：デンマークで生まれたフリースクール「フォルケホイスコーレ」の世界（改訂新版）』新評論．

スズキ，ケンジ・ステファン（2010a）『デンマークが超福祉大国になったこれだけの理由』合同出版．

スズキ，ケンジ・ステファン（2010b）『なぜ、デンマーク人は幸福な国をつくることに成功したのか』合同出版．

スズキ，ケンジ・ステファン（2021）「デンマークの学校選挙2021年結果について」〔http://www.sra-dk.com〕

銭本隆行（2013）『デンマーク流「幸せの国」の作り方：世界でいちばん住みやすい国に学ぶ101のヒント』明石書店．

谷雅泰（2016）「デンマークの教育改革—2014年国民学校法改正と2015年の職業教育改革—」『人間発達文化学類論集』第22号，pp.54-55．

谷雅泰・青木真理編著（2017）『転換期と向き合うデンマークの教育』ひとなる書房．

ダム，ポール（2014）『グルントヴィ小伝：時代と思想』小池直人訳，一粒書房．

デンマーク社会省（1996）『新版・デンマーク生活支援法：社会的養護に関する法律』西沢秀夫訳，ビネバル出版．

仲村優一・一番ケ瀬康子編集委員会代表（1999）『世界の社会福祉：デンマーク・ノルウェー』旬報社．

成清美治（1997）「デンマークの社会福祉事情」『総合社会福祉研究』第11号．

成清美治（2012）『私たちの社会福祉』学文社．

成清美治（2014）「デンマークの高齢者福祉の現状と課題」『神戸親和女子大学大学院研究紀要』第10巻．

成清美治（2015）「デンマークのケアスタッフ養成教育に関する現状と課題—我が国の

　　ケアスタッフ養成への影響と新たな介護福祉士教育課程の構築―」『神戸親和女子大学大学院研究紀要』第11巻.

成清美治（2016a）『デンマークに学ぶ介護専門職の養成』学文社.

成清美治（2016b）「地域包括ケアシステムと介護人材の養成―デンマークとフィンランドを参考にして―」『神戸親和女子大学大学院研究紀要』第12巻.

Nivå skoleホームページ.〔https://nivaaskole. aula.dk〕（2022年2月4日）

野村武夫（2010）『「生活大国」デンマークの福祉政策』ミネルヴァ書房.

野村武夫（2004）『ノーマライゼーションが生まれた国・デンマーク』ミネルヴァ書房.

橋本淳（編）（2004）『デンマークの歴史』創元社.

付記

　　第2章は成清美治（2019）「グルントヴィの思想とデンマークの教育改革」『神戸親和女子大学大学院紀要』第15巻, p.49-60を加筆・訂正したものである。

第 **3** 章

福祉国家フィンランド の教育

第1節　福祉国家フィンランドの教育史

　フィンランドは、福祉国家であると同時に教育先進国である。教育先進国として世界中に名を轟かせたのは、OECD（経済協力開発機構）が2000年に実施したPISA（国際学習到達度調査）の好成績であった。それ以降も3年ごとに同調査（2003年、2006年、2009年、2012年）が実施されたがいずれの年度も読解テラシー、数学的テラシー、科学的テラシー共に上位にランクされている。この結果を受けてその原因を求めて日本からも多くの研究者、調査団等がフィンランドを訪問している。好成績の要因は諸説あるが挙げるとするならば、①教育と福祉サービスの連携（学習支援等）、②教員の質的確保（全ての学校の教員は修士課程を修了）、③少ない学校格差、④学校と家庭の信頼関係、⑤少人数クラス（20～30人）、⑥平等教育等が考えられる。

　ところで、フィンランドの教育は長期にわたる外国の統治の歴史のもとで発展してきた。その苦難の歴史を区分すると、①スウェーデン統治時代（1155～1809年）、②ロシア統治時代（1809～1917年）、③独立国家として成立した1917年以降となる。この間国家としての最重要課題が教育問題であった。同国の当初の学校教育は1620年のスウェーデンの学校教育法の施行に伴いフィンランドにおいても初等学校・中等学校・高等学校・大学の学校制度が導入された。また、これらの学校とは異なる庶民向けの教育として1686年にスウェーデンで施行された教会法（教育の義務の規定）に基づき読み書き、計算中心の教育が行われることになった。こうしてスウェーデン統治時代は同国に準じた教育が行われた。続いて、ロシア統治時代に入り1858年にフィンランド語による中等教育が開始されると同時に民衆学校が設立された。また、1866年には国民学校令が施行され、これまでの民衆学校が6年制の公立初等教育機関となった。そして、1889年には男女共学制の国民高等学校が、1899年にはタンペレに労働者学院が設立された。こうしてロシアの支配のもとで紆余曲折しながら

フィンランドの教育体制が不十分ながらも形成されていった。

　1917年の独立以降の教育は、1921年に「義務教育法」が施行され6年間の民衆学校教育が義務化されることになった。同法に基づいて各自治体に民衆学校設立・管理の義務化が課されることになった。

　そして、1955年には民衆学校法の改正により、民衆学校卒業後は一般的に中学校に進学するが、進学しない者は「市民学校」に2年間進学し、一市民として暮らしていくための職業人としての教育を受けることになった。こうして教育制度が整備されるが、フィンランドおける大事件は、ソ連邦崩壊（1991年）による大恐慌であった。これによりフィンランドは経済的に大打撃を被ることになる。これまで旧ロシアとの関係は政治的、経済的に規制を受け国民にとって苦難の連続（第二次世界大戦におけるドイツとの共同戦線のためソ連との戦争後の敗戦）で、経済的にソ連経済圏に組み入れられソ連との関係なしにはフィンランド経済を考えることができなかった。この国家の危機を迎えて当時の教育大臣であったオリペッカ・ヘイノネン（Olli-Pekka Heinonen）は大臣在任中（在任期間：1994～1995年）、経済危機を乗り越えるためには教育に対する投資を重視する必要があると説き教育改革を断行した。その投資は企業ではなく、人に投資すべきであると論じた。こうした教育への投資の結果として新しい企業を生み出し、雇用を創出ことになった（例えば、世界的情報機器企業であるノキア）。今日の「教育大国」としての礎はこの期に構築されたのである。また、フィンランドでは教員は「国民の蠟燭」（国民の道先き案内人）に例えられ国民にとって安心感と信頼を得ている。すなわち、教員の社会的評価の高さを表している。その質的信頼と担保を図るきっかけとなったのが教員養成の改革である。この教員養成の改革による教員の質の担保が後の2000年以降のPISAの高評価の一端となったと言われている。その後、1998年に「基礎教育法」の制定、そして、現代版教育課程基準である2014年の新学習指導要領の告示と2016年からの実施により、自治体による学校独自の指導要領が作成された。このポイントは、①思考と学び、②文化についてのコンピテンシー（豊富な知識）、③自己認識と自己尊重の能力、④ICT（情報通信技術）、⑤キャリア

教育等である（北川ら 2016: 34）。

第2節 ┃ 教育の平等

「フィンランド憲法」第6条において平等に関して次のように制定している。

① 人間は、法律の前において平等とする。
② 何人も、合理的な理由なく、性別、年齢、出身、言語、信仰、信条、意見、健
　康状態、障害又はその他の個人的事情に基づいて異なる取り扱いをされてはな
　らない。
③ 子どもは、個人として同等に扱われなければならず、また、その成長に応じ
　て、本人に関することに影響を及ぼすことができなければならない。
④ 両性の平等は、法律で詳細を定めるところにより、社会的活動及び労働生活、
　特に賃金及びその他の労働条件に関する決定において、促進される。

　また、フィンランド「国家教育委員会」では、平等について「フィンランド
の教育政策において中心基盤となるのは、年齢、居住地、経済状況、性別、母
国語などにかかわらず、全ての国民に教育を受ける平等な機会を提供すること、
そのために就学前教育、基礎教育、後期中等教育は無料の原則をとる。学費、
福祉サービス、給食はこれらの教育期間において無料提供され、必要な教材や
教科書も、就学前から基礎教育まで無料である。また、基礎教育期間の通学に
関しても教育提供者（自治体）が受け持つ」としている。
　このような「教育の平等」は「教育費の無償」と共にフィンランド教育の基
本原則となっている。
　それでは何故フィンランドに平等思想が定着したか紐解いていく。フィンラ
ンドの地形はスカンジナビア半島の東部に位置し、国土の4分の1は北極圏に
属しており、気候は南部はメキシコ湾流の影響で温和であるが、北部は冷帯湿

潤気候で1年の半分以上は雪に覆われる。また、耕地は6％に過ぎない。

　そのため北部は厳しい自然のため農業に適さず、農業は南部地域に限定される。また、国土の70％は森林に覆われているため主たる産業は製材、パルプ、製紙、家具製造が伝統的産業であるが、歴史的に国家の成り立ちは厳しい自然のもとでの「農業国家」であった。そのため労働力として男性のみならず女性も加わることにより、自ずと男女がともに農作業に従事するという状態が自然発生的に生まれることとなった。対ソ戦争——①1933 〜 1940年、②1941 〜 1945年——には女性も戦闘員として戦争に参加しソ連と戦ったのであるが、敗戦のため第二次世界大戦後はソ連に対する莫大な賠償金の支払いのため女性も男性と共に職場で労働者として働き賠償金返済の一翼を担った。また、戦後フィンランドが農業国家から工業国家への転換を図るための重要な労働力としての位置を占めたのである。この結果、女性の就労を支援するため高齢者支援サービス（高齢者施設）或いは子育て支援・児童福祉サービス等を母親に代わって国家が担うことになり、女性の就労支援を行うことにより、福祉国家としての基盤を構築したのである。

　こうした伝統的に女性が労働に参加することによって男女の平等意識が普遍化・常態化することにより、早くも独立前の1906年にニュージーランドに次いで世界で二番目となる女性参政権（選挙権・被選挙権）を獲得し、同時に女性が国会議員の被選挙権を得たことが、女性の政治への参加の扉を開くきっかけとなった。

　すなわち、世界でも有名な男女平等社会を構築した根拠は、長期にわたるスウェーデン、ロシアの統治下で自然環境の厳しさと貧しい農業国家或いは第二次世界大戦の敗戦、対ロシアに対する戦後の賠償金問題という歴史のもとで男女共同参画による「平等」の思想が戦争・労働を通じて培われてきた。

　こうした厳しい歴史の洗礼を受けて、現在の女性の地位が担保されているのである。今日、フィンランドは他の北欧諸国と同様「福祉国家」或いは「教育大国」として、世界にその名を轟かせているが、その社会体制の基盤は男女平等社会であると同時に基本的人権擁護の社会である。

2000年にはフィンランド史上初の女性大統領としてタルヤ・カリーナ・ハロネン（Tarja Kaarina Halonen）が選出された。

そして、2019年12月10日にフィンランド国民が34歳の女性首相サンナ・ミレッラ・マリン（Sanna Mirella Marin）を選出したのは偶然ではなく歴史的に醸成された男女の機会平等を基本的価値観とした社会構造からして当然の帰結であるといえるであろう。

第3節　教育の目的並びに教育を行う根拠

フィンランドの教育の目的についてフィンランド「基礎教育法」（1998年）第2条において次のように定めている。

① 本法でいう教育の目的は、学習者の人としての成長を支援し、社会の一員として倫理的な責任能力の醸成を支援し、また彼らの生涯にわたる充分な知識と技能を与えるものとする。加えて就学前教育の目的は、早期教育が子どもにとって学習条件を良くするための一助となるものである。

② 教育は、社会の中で文化と平等を推進し、学習者の必要要件を整えて学び参加できるよう準備し、その他人生のいかなる時も自分自身を昂進できるようにすべきものである。

③ 教育の目的は、加えて国全体で学習環境における充分な同一性を確保することである。

すなわち、「全ての子どもに平等な教育の機会提供」を目的としているのである。また、教育を行う根拠として同法第3条に、①教育は、本法で規定したように国家的に統一して行われるものである、②教育は、学習者の年齢と条件に合わせて学習者の健康、成長と発達を促進させるよう実施するものである、③教育は、家庭とともに共同して行われるものであると定めている。

第4節 ｜ フィンランド教育制度の概要

（1）教育制度

図表3-1はフィンランドの学校体系を示したものである。

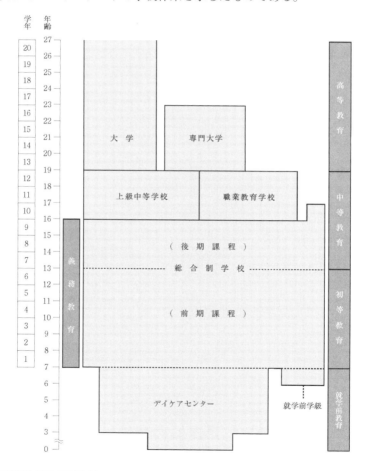

出典：文部科学省「世界の学校体系」

図表3-1　フィンランドの学校体系

同国では7歳になると9年制の基礎学校（日本の小学校・中学校に該当）に入学するが、基礎学校入学前に6歳の児童向けの就学前教育が学校やデイケアセンター（保育所）で行われている。

　なお、基礎学校の設置は小・中一貫した施設と小学校と中学校との施設が分離したものがある。この基礎学校の上に任意であるが第10学年がある。これは任意で1年間学習するシステムで主として学習の遅れた子どもに対する補習プログラムである（デンマークにも同様の制度が設けられている）。

（1）基礎学校の構成メンバー

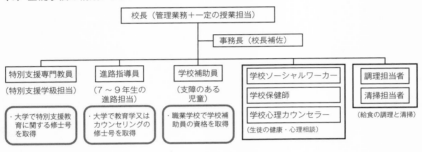

（2）教育内容

①基礎学校の1年生から6年生まではクラス担任教師（24コマ）が全教科を教える。また、7年生から9年生までは教科担当教師（18〜24コマ）が各教科を教える。

②教科書は現場の教師が作成或いは市販の教科書を使う（教科書検定制度はなし）。

③基礎学校の学期：秋学期（8月12日〜12月19日）⇒秋休み（10月12日〜10月16日）⇒クリスマス休み（12月20日〜1月6日）⇒春学期（1月7日〜6月4日）⇒冬休み（2月22日〜2月26日）（ヘルシシキ市2015／2016）。

④クラスの定員：1〜2年生20名程度、3〜6年生25名程度、7〜9年生30名程度（都市部の場合）。

⑤成績評価：基礎学校及び高校の成績評価は4〜10の7段階評価である。なお、各学年で小テストあり。

⑥高校進学：高校入試はなく、9年生の秋学期までの全教科平均評価、大学入試もなく、大学入学資格試験の成績（7段階）によって進学する大学が決まる。なお、大学の成績評価は6段階である。

出典：北川達夫・中川一史・中橋雄（2016）『フィンランドの教育』フォーラムA, pp.99-100を参照して作成

図表3-2　基礎学校の職員構成・内容

　基礎学校（図表3-2）を卒業した者は後期中等教育として高等学校（普通高校）或いは職業学校に進学する（入試はなし）。両者は相互乗り入れを認めてい

る。普通高校を無事卒業し、大学（総合大学）に進学する者は成績（「大学入学資格試験」）に基づいて大学に進学する。なお、職業学校においても制度的に大学入学資格試験を受けることが可能となっている。高等教育である大学は学士課程3年修士課程2年を修了することによって、一般的に「大学卒業」と認められる。また、普通高校を卒業した者のうち、約50％が職業大学（応用科学大学）へ進学を希望する。なお、職業大学は4年制（学士）であるので修士号・博士号の取得を希望する者は大学へ再度入学することになっている。

（2）教育行政

　フィンランドの基礎学校の職員の構成は図表3-2の通りである。また、教育の行政組織は、①国家の行政機関で教育・科学・文化スポーツ・青年問題を担当する教育省（教育文化省）は総じて教育に関わる法律・政策の作成、提案をする、②義務教育、職業教育、普通教育、成人教育等を担当する国家教育委員会（教育庁）、③学校教育・職業教育・成人教育等の評価と開発を担当する教

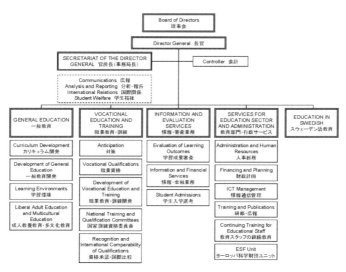

出典：文部科学省（2011）「海外調査報告書」

図表3-3　国家教育委員会組織図

育評価会議、そして、④義務教育を提供する義務機関である地方自治体、⑤学校等となっている。

　図表3-3は国家教育委員会の組織図であるが、国家教育委員会は毎年事業計画を教育省の承認を得て実施している。組織としては理事会のもとに、①一般教育、②職業教育・訓練、③情報・審査業務、④教育部門・行政サービス、⑤スウェーデン語教育に分かれている。総じて国家教育委員会の役割は教育内容の水準維持のための業務を行う。

第5節　フィンランドの社会保障制度と教育行政

（1）社会保障制度

　フィンランドは他のスカンジナビア諸国（スウェーデン、デンマーク、ノルウェー、アイスランド）同様、社会保障、社会福祉は公的責任で税を基本財政としている（スカンジナビアモデル）。フィンランドの社会保障制度は図表3-4の通り、①予防目的の社会・福祉保健政策、②社会保健サービス、③所得保障の3本柱によって成り立っている。そしてサービス供給主体は、①社会保健サービスは地方自治体、②所得保障は国家（社会保健省）となっている（図表3-4）。

```
・社会保障 ┬ ①予防目的の社会・福祉保健政策
          ├ ②社会保健サービス：教育・社会福祉サービス、保健事業
          └ ③所得保障：社会保険制度（国民年金、失業保険、労働年金、健康保険等）
   社会保障の財源：国、自治体、事業主、被用者、その他
・税制
①直接税：国民所得税（累進課税制度）、地方所得税＋医療保険料＋教会税
②間接税：付加価値税（日本の消費税に相当）標準税率は（ただし、食品税や書籍税・薬品税は軽減税率を
  適用）、酒税、たばこ税、エネルギー税
・サービス供給主体
 ┬ 社会保健サービス：地方自治体（市町村）（ただし、一部は民間団体）
 │              主なサービスは教育・文化、社会福祉・保健事業である
 └ 所得保障：国家（社会保健省の主として年金局が担当）
```

図表3-4　フィンランドの社会保障制度

　図表3-5は社会保健サービスを担う社会保健省の組織図である。フィンラン

ド「社会福祉法」（1982年）第3条では目的を「社会福祉の一般的計画、指導
及び監督は社会保健省に属する。県の地域内では、社会福祉の計画、指導およ
び監督は県庁に属する」と定めている。

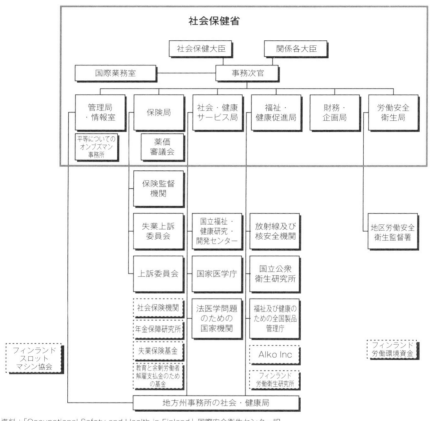

資料：「Occupational Safety and Health in Finland」国際安全衛生センター訳
出典：フィンランドの労働安全衛生機関「国際安全衛生センター」

図表3-5　社会保健省組織図

　また、フィンランドの社会保障制度の中枢組織である社会保健省の機能は、
①予防的な社会及び医療政策を通じた社会及び医療サービス改善と国民の福祉
確保を担当する、②同省は、各行政機関に労働安全衛生に関する実務的指示を

与えるだけでなく、労働安全衛生に関する立法と施行も担い、さらにこの分野の研究と国際協力を調整する、③労働安全衛生に関する立法と改正、研究の調整と研究情報の活用を担当する。また、同局は労働安全衛生監督署を指導し、その実務環境を改善し、監督方式を策定する。労働安全衛生管理の立法は、福祉健促進局の権限となっている（国際安全衛生センター n.d.）。

　なお、同省の外郭団体（国）としてフィンランド・スロットマシン協会がある。この協会はかつて、フィンランドにおいて慈善事業の普及活動の一環として、全国のバー、カフェ等にスロットマシンを設置し、その収益が当時の慈善事業団体に寄付された。この組織は1938年に一つの団体になったが、以前は8団体に分かれていた。このように団体を一つに束ねて発足したのがスロットマシン協会（RAY）である。この協会の収益金がこれまで福祉関係の団体に寄付されフィンランドの各福祉団体の支援に貢献してきたのである。

　それでは何故フィンランドは福祉国家を目指したのであろうか。その理由の要点は図表3-6の通りとなる。

---

①基本的人権の一つである社会権の存在
　フィンランドの社会権は、国連憲章「世界人権宣言」（1945）の第22条［社会保障の権利］に基づいている。すなわち「すべて人は、社会の一員として、社会保障を受ける権利を有し、かつ、国家的努力及び国際的協力により、また、各国の組織及び資源に応じて、自己の尊厳と自己の人格の自由な発展とに欠くことのできない経済的、社会的及び文化的権利を実現する権利を有する」
②フィンランドを含む北欧諸国の置かれている地理的・歴史的立場である。
　北欧諸国は北半球の極寒地帯に位置し、一部の地域は農産物の収穫が困難である。そのため彼らは7世紀後半から海賊・交易・植民を繰り返した。こうしたバイキング（運命共同体）としての生活から社会連帯意識が醸成されたのであり、その歴史的経緯が今日の福祉国家構築の（普遍的サービス）に繋がったのである。
③地理的に気候が厳しく、農作物の生産活動は困難を極めた。
　このことが、農民自身を困窮させたと同時に封建領主の経済的・政治的基盤を脆弱なものとし、盤石な基盤を有する絶対王政を確立することが困難であった。特にフィンランドは13世紀以降もスウェーデン、ソ連の支配下に長年置かれていたことが、社会連帯・共同体を基盤とする福祉国家の建設に違和感はなかったのである。
④第1次世界大戦後世界を襲った大恐慌は、北欧諸国（特にスウェーデン）に多大なる影響を与え、その結果多くの国民が生活の安定を求めてアメリカに移民した。こうした社会背景が社会民主党政権の下で福祉国家としての道を歩むことになったのである。

─────────福祉国家建設が他の北欧諸国より遅れた理由─────────
①他の北欧諸国と比較して、「農業立国」から「産業立国」への転換が遅れたため
②第2次世界大戦後のソ連（現ロシア）に対する賠償問題の存在

図表3-6　福祉国家を目指した理由

（2）地方自治体の役割

　フィンランドの地方行政組織は他の北欧諸国と異なって国と地方自治体の二

層制となっている。自治体の社会福祉に関する任務は「社会福祉法」第3章「自治体の社会福祉」第13条に以下のように規定している。

① 自治体住民に対する社会福祉サービスの実施

② 自治体内に居住する者に対する公的扶助の供与

③ 住民に対する社会手当の供与

④ 社会福祉及びその他の社会保障の権益と利用に関する指導と助言の実施

⑤ 社会福祉及びその他の社会保障に関する広報事業の実施

⑥ 社会福祉及びその他の社会保障に関する教育、研究、試み及び開発事業の実施

また、自治体の社会福祉サービスの実施については第17条で以下のように規定している。

① ソーシャルワーク

② 教育・家庭相談

③ 在宅サービス

④ 居住サービス

⑤ 施設福祉

⑥ 家庭ケア

⑦ 家族介護手当（仲村・一番ケ瀬 1998: 505-506）

（3）地方自治体の教育義務

「基礎教育法」第4条、第5条に基礎教育ならびに就学前教育における地方自治体の義務を定めている。以下に第4条、第5条を記す。

第4条　基礎教育並びに就学前教育における義務

① 地方自治体は、その地方に居住する学習義務学齢者並びに学習義務の始まる前年の就学前教育学習者に基礎教育を実施する義務がある。

② 前第１項でいう地方自治体の共同事業のために自治体財団を設けることができる。自治体財団については教育の施行者を指定したものを有効とする。

③ 病院が所在する地方自治体は、病院に患者として入院する学習者に対し、できる限り健康その他充分な注意を払い、教育を行うものとする。

④ フィンランド語、スウェーデン語話者のいる地方自治体では、基礎教育並びに就学前教育を両言語話者のためにそれぞれ分けて実施する義務があるものとする。

第５条　その他の教育並びにその他学習義務者に対して行う基礎教育

① 地方自治体は、基礎教育に対して準備した教育と継続教育を整えることができるものとする。地方自治体は、その他の学習義務者に対し基礎教育の整備を決定する。

以上のように各地方自治体に対して基礎教育並びに就学前教育の実施義務等を定めている。

第６節　教育を支える諸サービス

（１）子育て支援

　フィンランドは伝統的に女性の社会進出がヨーロッパにおいて最も早く、母子を支えるため産休・育児休業制度を重視してきた。その具体的政策として、地方自治体の子育て支援として「ネウボラ」（neuvola）の制度を挙げることができる。

　男女共同参画の先進国であるフィンラドにおける子育て支援である「ネウボラ」は独特の子育て支援で妊娠期から就学前（6歳児）の子どもが健やかに成長するための家族に対する継続的サポートである。

　支援策として育児の見守りの他、出産時に社会保健庁（社会保健事務所）から「育児パッケージ」（育児用品）或いは現金が支給される。同時に子育て支

援として「母親の休業制度」（約1年間の出産休業）、「親休業」（母親か父親、休業手当有り）、「父親休業」（休業手当有り）、そして「児童手当」がある。また、共働き支援策とし1973年に「保育園法」（3歳未満児より入所）が成立し、地方自治体が全ての子どもに対する保育施設を用意することが義務化（1996年から法改正により、母親の就労に関係なく入所可能となった）された。これにより、待機児童問題が解消され女性の就労が容易になった。フィンランドでは日本のように年齢別保育をすることはなく、全ての子どもは年齢にかかわらず異年齢の子どもが同じ部屋の中で過ごす形態をとっている。すなわち、異年齢交流保育を基本としている。

　なお、フィンランドでは2015年より6歳児は保育所等において小学校入学前の就学前教育が義務化になっているので、早期教育である。この就学前教育のクラス人数は最大13名までとなっており、遊びを通じて就学に備える基礎教育を行う。こうした一連の子育て支援サービスは基礎教育の礎となっている。保育サービスの充実の背景には超党派の女性議員の協力による「保育法」（1996年）の制定があることを看過することはできない。この法律の制定により6歳児に対する地方自治体の責務が明記された。なお、子育てに関する手当として、①妊娠補助金、②母親手当、③特別母親手当、④父親手当、⑤両親手当、⑥児童手当、⑦保育手当（在宅保育児手当、私立保育園手当、時短勤務育児手当、部分育児手当）等がある。

　ところで、同国では「母親指標〜お母さんにやさしい国ランキング」（mothers index）の2014年度第1位となっている。因みに日本は先進国（G7）のなかでも最下位である。このランキングは、①妊産婦死亡の生涯リスク、②5歳未満児の死亡率、③公教育の在籍年数、④国民一人当たりの所得、⑤女性議員の四つに加えて、保健・栄養・教育・経済・政治への女性参加を総合的に算出した指標である。

　フィンランドでは女性が妊娠すると居住する自治体から「ネウボラ」（保健師、助産師）が各家庭に派遣される。出産は基本的に病院で行うが、育児相談やその他の育児に関する相談や受診はネウボラ（neuvola）のサービスを受け

出典：フィンランドKela（社会保険庁事務所）

写真3-1　育児パッケージ

ることになる。このサービスは、妊娠から幼児が6歳になるまで継続して行われる。また、ネウボラのサービスを受診している家庭には社会保険庁事務所（kala）から育児パッケージ或いは現金が各家庭に支給される（写真3-1）。

　子育てに関する支援の施策がフィンランドと日本で異なっている点は、フィンランドでは「子育ては社会の義務である」と捉えているところにある。なお、育児パッケージの中身は育児用品（肌着、防寒着等）が中心でその他、おもちゃ、絵本等約50点が入っている。

(2) 子ども手当（児童手当）

　フィンランドの「子ども手当」は原則17歳以下の全ての子どもに対して支給される。子ども手当は保護者の収入にかかわらず一世帯の子どもの数に対して支払われる。具体的には1人目の子ども：95.75ユーロ（約1万2,500円）、2人目の子ども：105.80ユーロ（約1万4,000円）、3人目の子ども：135.01ユーロ（約1万8,000円）である。尚、シングルマザーやシングルファザーの場合、上記の金額に48.55ユーロ（約6,300円）が加算される（フィンランド大使館・東京、2017年）。この子ども手当によって、経済的に苦しいシングルマザーやシングルファザーの家庭環境であっても子ども手当が支給されることにより養育される権利が保障されると同時に小学校（就学前教育を含む）から大学まで教育費が無料のためこうした経済的に厳しい環境で育った子どもであっても「学ぶ権利」が保障されている。すなわち、同国の子ども手当制度はフィンランドの基本原則である「教育の平等」を保障している。

（3）障がい児支援

　フィンランドにおいて障がい者福祉に関する法律として「知的障害者法」（1977年）、「障害者サービス法」（1987年）、精神障害者に対するサービスを定めた「精神衛生法」（1990年）、「社会福祉の顧客の地位と権利についての法律」（2000年）等がある。

　これらの法律の制定により、これまでの施設サービスから在宅サービスに障がい者福祉の施策がシフトされた。このうち当時最も先進的と捉えられていた「障害者サービス法」の内容は、①障害者の定義をそれまでの診断的なものから、生活関連において捉えた、②自治体に重度障害者に対するサービスを義務付けた、③リハビリテーションに適応訓練（社会的リハビリテーション）を組み入れたことである（山田 2004: 34）。また、2009年には「知的障害者サービス法」の改正により、知的障害者に関しては「障害者サービス法」（2009年）が優先することとなる。ただし、最終段階のサービスの提供として「知的障害者法」（1997年）が適用される。

　「障害者サービス法」に基づくサービス（地方自治体が実施）は以下の通りである。

① 移送サービス

② サービス付き生活

③ 個人的補助制度（パーソナル・アシスタント）

④ 福祉機器の支給サービス

⑤ 住宅の改造サービス

⑥ リハビリテーション

⑦ デイアクティビィティと授産サービス

⑧ 里親ケア

⑨ 施設ケア

⑩ 通訳サービス

⑪ 親族介護給付

⑫ 知的障がい者の特別サービス（山田 2012: 11-12）

　なお、障害者に対する経済的支援として、成人した障がい者に対して障害者手当（年金）が支給される。この手当の目的は障害者の就労支援並びに学生生活の支援をすることにある。また、障がい児の場合、児童手当の他子育てに関する手当、保育手当の対象となる。そして、障がいのある児童或いは疾病を抱える児童を養育する両親に対して、児童介護給付金と特別手当が給付される。こうした諸制度が障がい児の就学を支援している。

（4）ラヒホイタヤ

　フィンランドの高齢者福祉の基本理念は児童、障がい者、公的扶助の対象者同様憲法第6条に定める「平等」主義に基づいている。また、第19条の「社会保障の権利」について次のように定めている。

① 人間の尊厳のある生活に必要な保障を得ることができない全ての者は、不可欠の生活手段及び保護に対する権利を有する。
② 失業、疾病、労働能力の喪失及び老齢並びに子の出産及び扶養者の喪失による基本的生活手段の保障に対する権利は、何人に対しても法律で保障される。
③ 公権力は、法律で詳細を定めるところにより、何人に対しても十分な社会・保健サービスを保障し、及び住民の健康を増進しなければならない。さらに、公権力は、子どもの保護に当たる家族及びその他の者が子どもの福祉及び個人の成長を確保できるように支援しなければならない。
④ 全ての人の住居に対する権利を促進し、及び居住の主体的な確保を支援することは、公権力の責務とする。（国立国会図書館調査及び立法考査局 2015）

　このようにフィンランドの高齢者福祉は平等の概念のもと次のようなサービスを自治体が提供している。以下に記すと、①在宅サービス、②施設福祉、③居住サービス（サービスハウス、グループホーム、シニアハウジング等）、④ソ

ーシャルワーク、⑤家庭ケア、⑥家族介護手当等である。

　ところで、フィンランドは北欧で最も高齢化率が高く2030年には65歳以上人口が25％に達すると言われている。すなわち、年々出生率が低下し、高齢者が増加する少子高齢化社会にある。そのため、高齢者部門のサービスの財政的削減を図る必要があり、他の福祉サービス同様、施設サービスから在宅サービスにシフトしている。その一環として2005年に「家族ケア支援に関する法律」が制定され家族ケア制度を導入し、要介護者に対して公的ケアサービスを利用するのではなく、できるだけ家族介護の推進を行っていこうとしている（自治体が家族介護に対して手当を支払うシステムであり、児童、障がい者も含む）。また、2013年より「高齢者人口の活動能力の支援と年配者の社会・保健医療サービスに関わる法」（通称「高齢者サービス法」）が施行された。この法律の目的は、高齢者人口のウェルネス（心身の快適状態）と健康、サービスの質と充足、高齢者サービスの再評価、各自治体のサービスの質の確保等となっているが、今後については、高齢者福祉政策において経済的効率性から益々在宅福祉サービスの推進が計画されている。

　現在、フィンランドでは、高齢者並びに障害者（児）ケアの専門職としてラヒホイタヤ（社会・保健医療分野の共通資格）が養成されている。このラヒホイタヤの養成が開始されたのは「親族介護支援法」（2005年）の制定に伴うが、その背景として、①フィンランドの高齢者福祉施策が施設ケアから在宅ケアへの政策転換に伴い、社会サービス分野と保健医療サービス分野における統合化が求められたこと、②労働力流動化政策のもとで、労働市場を移行することができること、③同じ介護者が同時に高齢者、障がい者（児）をケアできること等を指摘することができる。すなわち、同資格は幼児・児童ケアから高齢者・障がい者ケア或いは精神障がい者ケアまで対応できる（児童ケアにより障がい児童の就学が可能となる）。入学資格は原則基礎教育課程（義務教育）を卒業した者或いは高等学校を卒業した者となっている。養成期間は3年、取得単位総数は180単位（約4,800時間）である。フィンランドは他の北欧諸国と同様資格社会であるため、基礎学校を卒業した者は大学入学への進路を取る者と職業学

校に進路を取る者とに分かれる。ラヒホイタヤは職業資格のうち「基礎職業資格」に該当する。同資格取得者の多くは移民が占めている。例えばエスポー市にあるOMNIA（職業成人教育機関）のラヒホイタヤの移民受講生は約1,200人（全受講生約4,000人）で、年齢は16〜64歳で、女性の移民（移民が取得する資格のうち取得が比較的容易であるため）が多数を占めている。OMNIAは国立の学校で設備、環境、立地、広さともに日本の各専門学校と比較すると規模・設備共に格段の差を感じた（のちに詳しく述べる）。

　フィンランドは他の北欧諸国と同様に生涯教育文化の醸成、成人の高い労働力参加率（積極的労働市場への参加）もあって、専門職業教育が高度に発展した国の一つに数えられている。

（5）学校ソーシャルワーカー

　基礎学校の相談要員として学校心理士と共に学校ソーシャルワーカー（koulukuraattori）が存在するが、一般的に数校兼任するのが普通である。フィンランドは福祉国家として福祉サービスの充実を自治体が中心となって推進しているが、教育場面においても多くの福祉サービスを提供している。その中にあって学校ソーシャルワーカーは、児童と学校、児童と家庭、児童と地域との間に発生した内在化した問題等に対して、具体的サービスによる援助をするのである。近年、同国にも移民・難民が増加しており、そこから生じる人種差別問題、学力格差問題、家庭環境問題等に対する児童への援助がある。その援助の任に当たるのが学校ソーシャルワーカーである。この援助過程において当然、学校長、クラス担任、学校カウンセラー、特別支援教育担当教師等との協力関係において問題解決を図ることが重要となる。

　学校ソーシャルワーカーは、援助を必要としている児童に対して学習支援のニーズを充たすため活用できる社会資源（人・物・学校・施設・行政機関・法律等）をサービスとして用いて援助するが、その前提として日常的に児童と学校と自治体の連携が必要となる。

（6）特別支援教育

　フィンランドの基礎教育並びに就学前教育は自治体の責務となっており、特別支援教育においても同様である。この特別支援教育の理念は「全ての子どもに対する基礎教育の保障」であり、「全ての子どもに対する平等教育の保障」である。

　特別支援教育に関しては「基礎教育法」第4章「教育」第16条「支援教育」、第18条「特別の教育方法」において、「支援教育」「特別の教育方法」等が定められている。

　特別支援は、①軽度の障がいを持つ児童が対象となる普通学級、②カリキュラムを別に作成して学習を行う特別クラス、③重度の障がいを持つ児童が在籍する特別支援学校とに区分することができる。

　フィンランドにおけるこれまでの伝統的な学習支援について渡邊あや氏は次のような項目を指摘している。

　① 教員によるサポート

　　放課後・始業前に実施。特定の課題克服をめざして実施

　② 学校アシスタントによるサポート

　　教員の指導のもと働きかけ、助言など実施

　③ 特別支援教員によるサポート

　　母語・算数について、初歩的な段階でつまずいている児童たちに、担任と連携しながら学習支援を実施

　④ 支援グループによるサポート

　　児童・生徒の成績不振や授業でのつまずきが、学校外の問題によって引き起こされたものである場合、問題の解決には、支援グループ（教員・特別支援教員・学校カウンセラー等学校の教職員及び心理カウンセラーやソーシャルワーカー等学校外の専門家から構成）が当たる。（渡邊 2016: 83）

　また、「特別支援教育」制度の改革として、教育省が審議会に就学前段階及

び基礎教育段階における特別支援教育の開発に関する長期戦略を2006年に諮問、2007年には審議会が「特別支援教育戦略」を答申、そして2011年には基礎教育法の一部改正が行われ特別教育における早期介入・早期支援と計画的支援を骨子とする改革が行われた（渡邊 2016: 87）。

出典：レイノ・タパニネン「フィンランドのインクルーシブな学校建築」報告書（2016年1月20日文部科学省講堂）, p.16

図表3-7　3段階の支援

　図表3-7はレイノ・タパニネン（Reino Tapaninen）氏が提唱する特別支援の改革に基づく新たな3段階への移行図である。底辺に一般支援（補習・個別指導：普通学級）、中間段階に強化支援（教育学上の評価＆学習プラン：普通学級）、最上段に特別支援（幅広い評価＆特別プラン：特別支援学校・学級）となっており、特別支援教育はできるだけ早期段階での支援に焦点を当てることが必要であるとレイノ・タパニネン氏は提起している。

　このようにフィンランドの特別支援教育は「障がいのある者と障がいのない者が共に教育を受ける仕組み」（インクルージブ教育）という概念のもと新たな段階に入った。

(7) 教育費の無償化

　「基礎教育法」第7章「学習義務そして学習者の権利と義務」第31条「授業料の無償」に次のように定めている。

1）学習者に対する授業料並びにその必要条件である教科書、その他の学習資料や作業材料は無償である。身障者その他特に支援を必要とする学習者にはこれに加えて無償の教育を受けるための必要条件である通訳や介助者サービス、その他の享受サービス、特殊介護設備そして第39条（「特殊教育支援業務の支援」）の効力により規定されたサービスを受ける権利がある。

2）授業に出席した者は、授業のある日、その目的とする食事が提供される。

3）海外に設置された学校や組合立または財団立の私立学校は関係者の規定した学校活動を基準に第10条第1項にいう教育言語で行う教育で、学習者から第1項、第2項の適用を受けない適当な料金を徴収することができる（注：フィンランド語、スウェーデン語、サーメ語、ロマニ語以外の言語で教育を受けた場合は無償から除く）。（「基礎教育法」1998.8.21，法628）

　このようにフィンランドにおいては小学校から大学まで教育は無償（基礎学校では授業料、給食費、教材費、医療・歯科治療費、通学費用も無償となっている）。ただし、高等学校・職業専門学校では給食は無償であるが教科書は有償となっている。ただし、2021年以降は教科書も無償化が予定されている。なお、大学も授業料無償となっている。

　このことはフィンランドの教育の基本理念である「平等」を体現化しているのである。すなわち、一般的に経済的・家庭環境等の理由で学業を修めることを断念するケースが多々ある。しかし、低所得階層の児童、並びに移民、難民の児童や障がいを持った児童にとって、こうした教育の無償は学業・技術を修める機会が保障され、「未来の希望」を担保することが可能となるのである。

（8）教育給付金

　フィンランドは基礎学校（小・中学校）から大学院まで授業料は無料である。また学習支援として、①学生奨学金（給付型奨学金）、②家賃補助、③学生ローン等がある。これらの給付を受ける条件は基礎学校を修了した17歳以上の高校、職業学校、大学（大学院）等に在学する者となっている。なお、これらの

支援を受けるためには学業が適正に進んでいることが条件となる。

　まず、①学生奨学金を受ける条件として次の事項が定められている。「ア、未成年の子どもがいる」「イ、結婚している」「ウ、18歳以上で親元から離れて住んでいる」「エ、17歳で親元から離れて住んでいる」「オ、20歳以上で親元に住んでいる」「カ、17歳から19歳で親元に住んでいる」。次に、②家賃補助であるが、2017年8月より、学生に向けたものではなく、低所得者向けの住宅手当に統合された。故に学生を対象とする場合、基本的に困窮学生を対象とする。なお、この家賃補助の給付金は居住する場所によって異なる。また、③学生ローンは国が保証人となっており、親や親戚の保証人は不要である。ただし、学生奨学金と学生ローンに関しては、給付期間中にアルバイト等の収入がある場合、その金額によって減額或いは停止される場合がある（岩竹2019: 129-133）。

　これらの3種類の学生支援制度は家庭の経済的格差、生活環境格差を埋め、学生が経済的心配なく学業に励むことができる。このことは将来的に国家の優秀な人材を輩出し、優秀な納税者となることに繋がる。

第7節 ┃ 特徴ある教員養成

　フィンランド教育の優秀さを簡約すると医師、弁護士等と並んで専門職であり、社会的評価の高い教員と無償教育制度（小学校から大学院までの授業料は無料）にあると言われている。この節ではフィンランドの教員養成の特徴について触れることにする。

　図表3-8はフィンランドの教員養成を示したものである。基礎学校（1～6年生担当で全科目を教える）で「クラス担当資格を持つ教師」になるためには、教員育学部で教育学修士号（5年）を取得すると同時に教師養成課程を修了すること。また、基礎学校（7～9年生担当で専門科目を教える）で専門科目を教える「教科担任資格を持つ教師」になるためには大学或いは職業大学で専門領域の修士号（5年）を取得すると同時に専攻教科と副専攻教科の単位を取得す

ることになっている。フィンランドの基礎学校の教員免許を取得する場合、実習期間が長くその内容が厳しいのが特徴である。「クラス担当資格を持つ教師」の場合、5〜7週間の実習を年2回、また「教科担当資格を持つ教師」は同実習を年3回行うことが条件となっている。厳しい入試（毎年約10倍程度の競争率）を経て大学院卒と厳しい実習をクリアした優秀な教師が、学校現場に立つという現実がフィンランドの教育を牽引しているのである。ここでフィンランドの教師養成の歴史について簡単に触れることにする。

[フィンランドの教員養成]
①基礎学校（1〜6年生）担当教師：原則全教科を教える「クラス担当資格を持つ教師」になるためには
→大学の教育学部で教育学修士号を取得すると同時に教員養成課程を修了すること

②基礎学校（7〜9年生）担当教師：専門教科を教える「教科担当資格を持つ教師」になるためには
→大学或いは職業大学で専門領域の修士号を取得すると共に、教員養成課程で専攻教科と副専攻教科の単位を取得しなければならない

③教育実習：5年間（学士3年＋修士課程2年）の大学生活で、「クラス担当資格を持つ教師」を目指す者は5〜7週間の実習を2回、「教科担当を目指す教師」は同実習を3回行うことが必要である
→1979年から5年の修士課程を修了することが必要条件となる。また、1991年に視学（学校査察）制度の廃止、1992年に教科書検定が廃止される。各学校、教師の自由裁量

※フィンランドの教育の優秀さは、教師の優秀さに由来する→弁護士・医師・教師→共に専門家である
※教育学部は医学部に次ぐ人気学部である（難関大学）※教師の社会的地位は高い

出典：北川達夫・中川一史・中橋雄（2016）『フィンランドの教育』フォーラムAを参照して作成

図表3-8　フィンランドの教員養成

1852年ヘルシンキ大学にドイツのヘルバルト理論を取り入れた教育学講座が開設された。小学校教師の養成は1863年にユヴァスキュラに開設されたが、教育理論はルソー、ペスタロッチ、ディスターベークとドイツとの関係深いものであった（福田 2009: 59）。

第二次世界大戦後の教師養成改革は「総合制学校改革」（1972〜1977年）と「教師養成改革」（1973〜1979年）と密接に関わっていた。ここに「高等教育におけるシラバスと学位の改革」（1977〜1980年）が関連していた。そして、これまでの小学校教師養成が1979年により質の高い教師を目指して「準学士」から「修士」に変更されるという教師養成の改革が行われたのである。従来の教師養成所専門学校（師範学校）から大学の教育学部（修士課程）に格上げさ

れた。この改革により、大学（理論研究）＋師範学校（実践重視）という図式
が出来上がり、究極的に大学における教師養成は「探求型活動実践」（福田
2009: 59-60）となったのである。

　フィンランドの教師の優秀さの原点はここにあると思われる。

　図表3-9は1980年代以降のグローバル（英語圏）な教育改革に対するフィン
ランドの教育政策を比較したものである。

グローバルな教育改革の傾向	フィンランドの教育政策
基準化 成果の質を改善するために、明白で、高度な、中央で規定する成績基準を学校、教師、生徒に課すこと	柔軟性とソフトな基準 すばらしい実践とイノベーションを行い学校基盤カリキュラムを発展させること、学習目標を設定すること、情報と支援によって舵取りをするネットワークを造ること
読み書き計算に注目 読み書き計算と自然科学について基礎的な知識と技能を、教育改革の主要な目標とすること	創造を伴う幅広い学習 性格、道徳、創造性、知識、技能など個人の成長の全体に対して同じような価値を置く、深く広い学習に向けた教えることと学ぶこと
結果責任制 学校の成績と生徒の達成向上が、学校と教師を奨励し、査察し、責任評価、とりわけ成功の主要な尺度となる基準テストに基づいた結果で賞罰を与えるという過程と強く結びついている	信頼を基盤にした専門性による知的説明責任 生徒にとって何が最良かを判断し、生徒の学習過程を報告することで教師や校長の専門性を評価する教育システムの範囲内で、知的説明責任政策を採用し、信頼の文化を斬新的に建設すること

資料：Pasi Shlbeg, Policies for Raising Student Learning: The Finnish Approach, *Journal of Education Policy*, No.2, 2007, p.151
出典：福田誠治（2014）『フィンランドは教師の育て方がすごい』亜紀書房, p.229

図表3-9　1980年代以降の教育改革と教育政策の原則

　①英語圏と②フィンランド教育政策において明らかに異なるのは「基準化」
と「柔軟性」、「読み書き計算に注目」と「創造を伴う幅広い学習」、「結果責任
制」と「信頼を基盤にした専門性による知的説明責任」等を対比した場合、①
英語圏の教育改革は教育の国家基準化、個人競争並びに学校間競争を奨励した
ものであり、そこでは競争原理一辺倒である。これに対して②フィンランド教
育政策はあくまでも生徒と教師の信頼関係にとって望ましい学習に基準を合わ
せたものとなっている。

　すなわち前者は生徒に対して「教える」を基準に、後者は生徒とともに「学
ぶ」を基準にし、また、フィンランドの小学校の教科書は検定がなく、どの教
科書を選定するか、教材の内容については全く教師に一任され、業務において雑

務は一切なく授業担当のみとなっている。また、教育評価も存在しない。

　このことは、フィンランドの教師が難関の教育学部の入試をクリアし、5年間の厳しい養成課程を経て社会的に高い評価を受けた教育専門家であることに裏付けられた結果であり、その根底には教育の「自立性」と「信頼」並びに「責任」に基づく教育制度の存在がある。

第8節　ニッティクム小学校

　フィンランド第二の都市であるエスポー市に存在するニッティクム（Niittykummun）小学校は南エスポーで最も古い学校であるが、視察したのは2019年11月である。

　同小学校の教育指針は、①勉強は学校で済ます、②カリュキュラムの体系は総合学習である、③学習と福祉の連携、④家庭（保護者）と学校の連絡を密にする（ネットで保護者との連絡）、⑤午後のクラブ活動を保証する、⑥学校児童会を置く、⑦児童の連絡先を確認する等となっている。

　写真3−2は同小学校校舎の全景であるが、別校舎として中学校校舎がある。

[https://www.espo.fi/nittykummunkoulu]

写真3−2　ニッティクム小学校の校舎

同小学校の全生徒数は406名（2019年11月時点）であるが、同校の特徴を述べると、第一は地域住民の要望もあって、フィンランドでも珍しく、モンテッソリー教育を実施していることである。

　モンテッソリー学級は2、4、6年生のミックスクラスと1、3、5年生のミックスクラスとなっており、一グループ8人の児童に対して、1人の教員が担当し個々の児童の能力に合った授業を展開している。

　モンテッソリークラスは他のクラス（普通学級）と異なって独自の教材を用いて授業展開を行っているが、他のクラスを受講したい児童は他のクラスの授業を受けることができるが、基礎学校修了条件として他のクラスと同時間数の授業を受けることになっている。

　第二はバイリンガルクラスが併設されていることである。

　このクラスは主に帰国子女対象に設けられているが、英語学習を主眼としているため、同小学校に入学する場合、帰国子女対象クラスを希望する場合、英語のテストを受けることになっている。

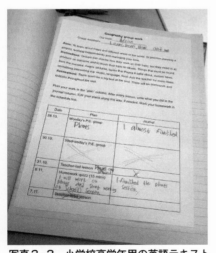

写真3-3　小学校高学年用の英語テキスト

　写真3-3は高学年が使用する英語のテキストである。上段に問いの英文の文章があり、下段に解答欄が設けられているが、かなり高度な内容のテキストとなっている。

　元来、フィンランド語は日本語同様、諸言語のなかで英語を習得する難易度（カテゴリー）は高いといわれているが、同国の「大学入学資格試験」では、国語であるフィンランド語を母語とする者はフィンランド語を或いはスウェーデン語を母語とする者はスウェーデン語を選択する。それに加え、①第二外国語（フィンランド語かスウェーデン語）、②外国語（英語、フランス語、ドイツ語等）、③数学、④総合科の4科目のうち3科目

が必修、その他選択科目から1科目の計5科目が大学入学資格試験として課される。このうち外国語（英語）は2020年春から小学校1年生から科目として設定されている。

　それでは何故英語を重点的に学ぶのであろうか。それは、英語が世界的共通言語であり、異文化能力の習得は対外国とのコミュニケーションのツールとして必要だからである。国民の多数が英語を日常言語として駆使する背景には、①少人数教育、②優秀な教師、③早期の外国語学習、④平等を原則とする学校教育、⑤社会経済の要請等が考えられる。

　同小学校もこの原則に基づいてバイリンガルクラスを設けている。

　第三は授業が少人数クラス（基本的に25名クラスで）行われていることである。

　同校はフィンランドでもモンテッソリー学級、特別支援学級、バイリンガル学級等、多様な学級を開設しているため入学希望者が多く、そのためクラス規模が平均30人となっている。

　写真3-4は低学年の授業風景であるが、児童は各島となった机に2〜3人が腰し掛け、教師の説明に耳を澄ますと同時に各人思い思いの意見を述べる「対話方式」の授業形態となっている。なお、教師は複数（主担・副担）の2名である。

写真3-4　低学年の授業風景

　第四は児童会（siesta）の開催である。

　この児童会は、児童が主催するもので、昼休みの時間を利用して開催される。内容は学校に対する要望や児童間等の問題に対して児童がお互いに議論し、教員がサポートしている。

　第五は放課後のクラブ活動である。

　各種のクラブ活動に対して、種目により学校の教師が支援（特別手当あり）する場合と教育委員会が支援する場合がある。

第六は特別支援学級の設置である。

この学級に所属するのは、比較的軽度の障がい児童で、自閉症の児童であっても学習適応能力があれば、普通学級で授業を受けることができる。

以上が同校の特筆する点であるが、基本的に同校の教育は多様化・個別化のもとで、如何に児童個々の自立と学習能力を向上させるかを目的としている（Niitykummun 小学校の全体的な概要説明は 2019 年 11 月 13 日、同校の教師である Tina Jukkala 氏の説明に基づく）。なお、同校の給食は地下 1 階の食堂でのバイキング方式で児童が整列して食器（金属製等）を手にして副食と主食を好みに応じて自らの食器に盛り付けていた。

第9節 ┃ フィンランド教育の課題

これまでフィンランドの教育を各福祉サービスが如何に支えているかについて見てきたが、フィンランドの福祉へのこだわりについて伊東治己氏は次のように指摘している。

> 「福祉へのこだわりは当然学校教育にも持ち込まれることになる。ただ、それは福祉への意識を高めるための学校教育、あるいは福祉を実現するためのという側面のみならず、学校教育それ自体が福祉を実現し、実践する場として捉えられている」（伊東 2014: 28）

すなわち、教育弱者への思いやりに満ちた学校教育が実践されているのである。ここで今後のフィンランドの教育的課題を提起すると次のような点である。

（1）移民・難民の子どもたちの教育問題

フィンランドは歴史的にスウェーデンやデンマークに比較して、移民、難民の流入が少なく教育現場において言語問題、生活習慣等で比較的苦労すること

が少なかった。ただし、先住民のサーメ語、ロマニ語対策が必要であった。

しかし、1990年代に入り、旧ユーゴスラビアやソマリアからの難民の受け入れがあり、2015年以降には国家間の紛争等により欧州難民がフィンランドにも多数流入した。

こうした状況に対して、フィンランドは行政、NGO、教会、企業或いは市民活動等による支援活動を行っている。

しかし、支援活動にもかかわらず移民・難民の親はフィンランド語は無論、英語を話すことができず、その児童たちも当然英語も話せないためフィンランドでは対策として、無料の英語教室を各学校で開設した。しかし、学校において英語、フィンランド語を話すことができない児童に対して教育現場では少なからず混乱が生じている。

(2) 学校差によるPISAの成績の違い

フィンランドでは、基礎学校は全て公立であり、平等教育を標榜しているが現実には都市部と地方では学力差が見られるため今後、各学校の格差是正が必要となる（2019年11月13日ヘルシンキ大学における大学研究員のJaakko Hilppo氏によるレクチャーとディスカッションにおいての提言）。

(3) 移民・難民の福祉問題

フィンランドは「高福祉・高負担」を原則とする福祉国家である。また、世界で「幸福度No.1」として評価の高い国である。しかし、そこでは流入した移民・難民に対する生活支援のため或いは教育支援のため、福祉・学校サービスが無料で提供される。そのために納税者である国民の間で「不公平感」が充満し、財政的抑制が働いた場合は、移民・難民だけの問題に限らず、国民全体に対する福祉・教育サービスの低下の可能性がある。

(4) 少子・高齢社会問題

現在フィンランドは北欧諸国の中で最も出生率（2018年度でフィンランドの

出生率は1.4、フィンランド国家統計局）が低く、日本と同様に急激な少子・高齢社会にある。急激な少子化は将来的に労働人口の低下に繋がり、益々労働力として移民に頼らざるを得なくなってくる。結果として移民・難民に対する教育サービス、福祉サービスの拡大が財政的に懸念される。移民が100％帰化し納税者の一人として存在することが望ましいが、言語問題、生活習慣の異なりを考慮するとかなり困難であると思われる。将来的に人口減は納税率の低下、ひいては国家財政の減収にも繋がり、「福祉国家」「教育大国」としての持続可能な国家としての立場が揺らぐことにも繋がりかねない。以上がフィンランド教育の諸課題であるが、現在、フィンランドは少子高齢社会、グローバリゼーション、高失業率（2019年10月現在6.54％、IMF）、移民・難民問題等を抱え、福祉国家、教育大国としてサスティナブル（持続可能な）社会をどのように持続するか、その真価が問われるのである。そのためには、フィンランド国民の高い学習力と本来固有しているSISU（不屈の精神）がどのように教育の諸問題に効果的な対策を講ずることができるか注目の的である。

引用・参考文献

伊東治己（2014）『フィンランドの小学英語教育：日本での小学校英語教科化後の姿を見据えて』研究社.

北川達夫・高木展郎（2020）『フィンランド×日本の教育はどこへ向かうのか：明日の教育への道しるべ』三省堂.

北川達夫・中川一史・中橋雄編著（2016）『フィンランドの教育：教育システム・教師・学校・授業・メディア教育から読み解く』フォーラムA.

国際安全衛生センター（n.d.）「フィンランドの労働安全衛生機関」資料出所：「Occupational Safety and Health in Finland」（国際安全衛生センター訳）

国立国会図書館調査及び立法考査局（2015）「各国憲法集（9）フィンランド憲法」調査資料. 2014-1-c.［https://dl.ndl.go.jp/info:ndljp/pid/9203616］

庄井良信・中嶋博編著（2009）『フィンランドに学ぶ教育と学力』明石書店.

仲村優一・一番ケ瀬康子編集委員会代表（1998）『世界の社会福祉：スウェーデン、フィンランド』旬報社.

成清美治（2012）「フィンランドの高齢者福祉」『神戸親和女子大学大学院研究紀要』第8巻.

成清美治（2013）「地域包括ケアシステムと介護人材の養成―デンマークとフィンランドを参考にして―」『神戸親和女子大学大学院紀要』第12巻.

ハイキオ，マルッティ（2003）『フィンランド現代政治史』岡沢憲芙・藪長千乃訳、早稲田大学出版部.

萩原康生・松村祥子・宇佐美耕一・後藤玲子編集代表（2007）『社会福祉年鑑2007』旬報社.

フィンランド「基礎教育法」（1998.8.21，法628）．[http://www9.plala.or.jp/Jussih/opetus/POlaki.htm]

福田誠治（2009）『フィンランドは、教師の育て方がすごい』亜紀書房.

福田誠治（2012）『フィンランドはもう「学力の先を行っている」：人生につながるコンピテンス・ベースの教育』亜紀書房.

堀内都喜子（2020）『フィンランド人はなぜ午後4時に仕事が終わるのか』ポプラ新書.

増田ユリヤ（2008）『教育立国フィンランド流教師の育て方』岩波書店.

Ministry of Social Affirs and Health（2006）"Social Welfare in Finland".

山田眞智子（2004）「フィンランドの社会・保健サービス：高齢社会における課題と展望」『人間福祉研究』.

山田眞智子（2006）『フィンランド福祉国家の形成：社会サービスと地方分権改革』木鐸社.

山田眞智子（2012）「フィンランドの障害者福祉の現状と改革の方向」『北海道自治研究』No.526.

米崎里（2020）『フィンランド人はなぜ「学校教育だけで英語がはなせるのか」』亜紀書房.

岩竹美加子（2019）『フィンランドの教育はなぜ世界一なのか』新潮新書.

渡邊あや（2016）「フィンランドのインクルーシブ教育制度」『日本とフィンランドの学校建築』報告書（2016年1月20日文部科学省講堂、主催：国立教育政策研究所、後援：一般社団法人日本建築学会）.

付記

　第3章は成清美治（2021）「フィンランド教育を支える社会・保健サービス」『神戸親和女子大学大学院研究紀要』第17巻，p.11-24を加筆・訂正したものである。

第 4 章

福祉国家フィンランド
の職業教育

第1節 ｜ 職業教育

　義務教育機関である基礎学校を卒業した者は大学入学資格を取得するため高等学校に進学するか、職業資格を取得するため職業訓練学校に進学するかのどちらかを選択する必要がある。

　フィンランドは「資格社会」であるため、大学に進学して学位（学士か修士）を取得しない者は、何れかの資格を取得し社会に出ていくことになる。各種職業資格は、①「基礎職業資格」（upper secondary vocational qualification）、②「上級職業資格」（further ocational qualification）、③「専門家職業資格」（specialist vocational qualification）の3段階がある。

　職業訓練学校の教育の特徴を述べると次のようになる。

① 職業訓練学校に入学するための資格要件は、義務教育を修了していること。
② 職業訓練学校側は、おもにそれまでの成績によって入学者を選定するが、入学試験や適性検査を実施することもできるし、志願者の職歴を考慮することもできる。
③ 職業訓練学校への入学願書は全国統一申請システムを通じて提出される。
④ 職業訓練学校では、職業生活において必要な専門的な技術の取得を第一にめざし、大学など高等教育機関への進学が可能となる。
⑤ 生徒の希望や必要に応じて、他の教育機関でも履修できるため、履修進度を自分で調節できる。
⑥ 職業資格は、職業訓練学校、徒弟制度、コンピテンスベースの職業資格認定（試験）によって取得できる。（マキパー 2007: 130）

　図表4-1は世界各国の成人向け教育と積極的労働市場政策の傾向である。この中で北欧諸国は基本的に労働市場において、労働力流動化政策のもとで雇用

保護の割合が低いが、失業中における手厚い社会政策（所得保障）によって、雇用の保障を行っている。この背景として、①強力な生涯教育の文化、成人の高い参加率、②積極的労働市場政策への高い支出がある。このように労働力流動化政策と福祉政策の一体化も手伝って、新しい産業と雇用を創出し北欧諸国の高水準の生活レベルを維持しているのである。北欧型に比較して、他の大陸型、アングロサクソン型、地中海型、中東欧型、共に生涯教育の文化或いは積極的労働市場政策に対する支出が低くなっている。このことが、労働の質の低下を招来し、結果的に失業率の長期化に繋がっていると推測できる。

北欧型	デンマーク、フィンランド、スウェーデン	・強力な生涯教育の文化、成人の高い参加率 ・積極的労働市場政策への高い支出
大陸型	ベルギー、ドイツ、フランス、ルクセンブルク、オランダ、オーストリア	・生涯教育への参加は中～低度 ・積極的労働市場政策への支出は中程度～高い
アングロサクソン型	アイルランド、イギリス	・生涯教育の状況は国ごとに異なる ・積極的労働市場政策への支出も国ごとに異なる
地中海型	ギリシャ、スペイン、イタリア、キプロス、マルタ、ポルトガル	・生涯教育の文化は弱く、成人の参加率も低度 ・積極的労働市場政策の支出は国ごとに異なる ・低資格層が大きな課題 ・強い雇用保護、労働市場に硬直性
中東欧型	ブルガリア、チェコ、エストニア、ラトヴィア、リトアニア、ハンガリー、ポーランド、ルーマニア、スロヴェニア、スロヴァキア	・生涯教育の文化は弱く、成人の参加率も低度 ・積極的労働市場政策への支出も低度 ・新規EU加盟国向け補助金が失業者向け訓練の整備を促

出典：労働政策研究・研修機構（2016）「北欧の公共職業訓練制度と実態」『JILPT資料シリーズ』No.176, p.1

図表4-1　世界各国の成人向け教育と積極的労働市場政策の傾向

第2節　職種のグループ別変化

次にフィンランドの2008年から2025年にかけての主要な職種グループ別の変化予測を見てみよう。

この図表4-2で顕著なのはここ数年来保健・ソーシャルワーク部門の大幅な伸びが顕著となっている。この背景には同国の人口の高齢化を挙げる事ができ

る。北欧諸国の課題の一つは日本同様、少子高齢社会である。人口高齢化の要因は、①65歳以上の人口の増加と、②合計特殊出生率の低下による人口減であるが、フィンランドは日本と同様に①と②が共に進行しており、近い将来において、「超高齢社会」（人口に占める65歳以上高齢者の割合が21％を超えた社会）になると予測されている。

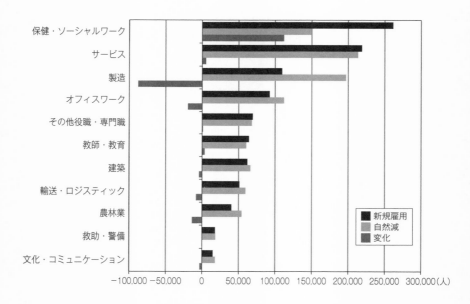

出典：労働政策研究・研修機構（2016）「北欧の公共職業訓練制度と実態」『JILPT資料シリーズ』No.176, p.106

図表4-2　フィンランドの主要な職種グループ別の変化予測（2008～2025年）

こうした少子高齢社会にあって高齢者に対する社会的ケア（リハビリテーション、認知症等に対するケア）の問題が発生する。フィンランドにおいても他の諸国と同様、若い世代の都市への集中により、地方都市の過疎化が進んでいるが、対費用対策もあり「親族介護政策」を進めている。しかし、一方で、基本的な社会的ケアのあり方が問題となる。すなわち、介護予防を包含した効果的介護政策─生活問題対策である。保健・ケアサービス領域の新規雇用が増大するのは、こうした背景からである。また、製造領域の需給が顕著に変化してい

るのは同国の主産業が重厚長大産業からIT産業に推移しているためである。なお、同国の高齢者に対する保健・福祉サービスは国家が定めた法律に基づいて、各地方自治体が実施しているのが現状である。こうした産業の変化に対応した職業教育が重要となる。

第3節　職業教育の段階別単位

　図表4-3は各職業教育の取得単位である。その内容は以下の通りである。

① 基礎職業資格（一般職業資格）を取得するための基礎職業教育課程は53種あり、卒業に必要な単位数は3年間で180単位となっている。教育形態は職業訓練学校、徒弟制度補充訓練等である。

② 上級職業資格（継続職業資格）を取得するための上級職業教育課程は183種ある。教育形態は職業訓練学校或いは徒弟制補充訓練等である。

③ 専門家職業資格を取得するための専門家職業教育課程は123種ある。教育形態は職業訓練学校或いは徒弟制補充訓練等である。それぞれの専門学校で訓練を受けた学生の資格認定はフィンランド国家教育委員会が行う。なお、3年間で基礎職業資格を得た者は上級職業資格或いは専門家職業資格を得るために各専門学校にて取得訓練を受けるか或いは専門職大学（AMK：学士・修士）に進学する。

　「専門職大学（AMK）の任務は、プロフェッショナルな専門性を要求される仕事のために、職業生活とその発展のための要求に対応した、また研究及び芸術に根ざした高等教育を与えることである」（教育省）としている（マキパー2007: 133）。この専門職大学の目的は大学以外での高等教育を提供することにある。そのためその授業内容は地域社会の発展と応用研究を目指す者となっている。また、各種の職業学校の教員を養成している。この専門職大学の入学要件

は基礎職業教育資格（3年）を取得しているか或いは大学入学資格（秋・春の年2回実施）を取得しているかである。なお、修学期間は3年半〜4年半となっている。

　この他、フィンランドの成人職業教育として、成人自由教育、企業内教育（人材育成）、失業者を主な対象とした労働市場訓練等がある（労働政策研究・研修機構 2016: 109）。

名称	職業資格種類	単位	内訳	教育形態
基礎職業教育	53種 120教育課程	180単位	職業教育90 一般科目 専門学習 実習20以上 修了プロジェクト2 専門科目20 選択科目10	職業訓練学校徒弟制 補充訓練
上級職業教育	183種	—		職業訓練学校徒弟制 補充訓練
専門家職業教育	123種	—		職業訓練学校徒弟制 補充訓練

※資格がないと就職できない国、フィンランド→資格制度社会である
※基礎教育（総合制学校）卒業後、高等学校に進学する者50％弱と基礎職業教育に進学する者は50％強となっている
出典：福田誠治（2012）『フィンランドはもう「学力」の先を行っている』亜紀書房, p.99（一部修正加筆）

図表4-3　各職業教育の取得単位

第4節　保健・介護共通資格（ラヒホイタヤ）

　フィンランドでは1970年代まで親族に介護の義務が存在した。1879年の「病人ケア令」、1922年の「貧困者ケア法」、1956年の「ケア援助法」等においてケアの主たる責任者として家族と親族を規定していた。

　しかし、1970年の法律から、両親や祖父母のケアに関する子どもの義務が、1977年には配偶者相互の義務が削除され、これによって、法制上の自治体の住民に対するケアの責任が自治体に移行されることとなった（笹谷 2013: 101）。

　2005年に「親族介護支援法」が制定された（「親族による介護の法定化・社会化」）。これによってインフォーマルな親族介護者に対する公的支援が成立し、

他の北欧諸国の公的サービスと異なった介護支援が誕生したのである。

この背景には、①急速な高齢化と、②経済的不況、並びに③フィンランド特有の福祉国家としての生き残り策があると指摘することができる（笹谷 2013: 102）。

具体的には、①これまで、自治体のサービスの提供がバラバラで支援者に対する格差が生じていたこと、②自治体の厳しい財政の中で低料金の親族介護支援を公的サービスに導入する必要があったこと、等を指摘することができる。

図表4-4はフィンランドの親族介護の全体像である。これを見ると介護における公的サービス対象者数に対して圧倒的に公的サービス対象外者数の多いのが分かる。

これを少しでもカバーするために低料金の親族介護を積極的に公的サービスのなかに導入する必要があった。この背景には同国の自治体の厳しい財源問題がある。今後の同国の公的ケアサービスの担い手は親族介護支援法のもとで社会・保健医療分野の共通資格であるラヒホイタヤが主体となるであろう。

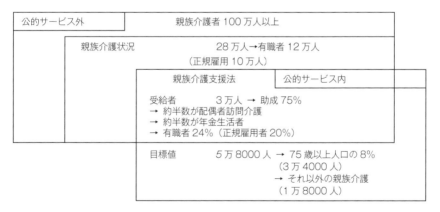

出典：笹谷直美（2013）『フィンランドの高齢者ケア』明石書店、p.101

図表4-4　フィンランドの親族介護の全体像

第5節 | ラヒホイタヤとは

　ラヒホイタヤ（lähihoitaja）とは、保健・介護共通資格を持つ準専門職である。この資格が導入された背景には、①他の北欧諸国同様、施設ケアから在宅ケアへの政策転換による社会ケアサービスと保健・医療サービス部門の統合化の必要性、②社会保障、社会福祉部門の労働力流動化政策の必要性、③介護サービスにおける同一人物によるサービスの実施があるとされている。

　ラヒホイタヤは基礎職業資格の八つの分野の一つである。すなわち、①人間と教育、②文化、③社会科学、ビジネス・管理部門、④自然科学、⑤テクノロジー、コミュニケーション、運輸、⑥自然資源と環境、⑦社会ケアサービス、健康、スポーツ、⑧旅行・調理・家事サービスのうち、ラヒホイタヤの養成課程は⑦に該当する。

　この資格の養成は1993年から開始されたが、職業教育学校への入学資格は義務教育卒業（16歳、中卒）の者となっている。養成期間は3年で卒業のための取得単位は180単位（≒4,800時間）となっている。内訳は、必修単位部分、専門科目部分、選択単位部分の計180単位となっている。なお、職業教育部分は、①共通職業資格教育（必修）で主な科目は「看護と介護」「リハビリテーション支援」「発達の支援と指導」等である。②専門職業教育分野は九つの課程から一つ必修で、実習はこの分野に含まれる。主な科目として「顧客サービス・情報管理」「救急ケア」「リハビリテーション」「児童・青少年向けケア・養育」「精神保健および薬物依存への福祉対応」「看護と介護」「口腔・歯科衛生」「障害者ケア」「高齢者ケア」等となっている（ただし、2018年からリハビリテーションは除外された）。

　この他に追加的職業資格教育がある。各資格取得に必要な科目の単位を取得し、各履修単位を満たした者に対して付与される資格として、次のような10種類の資格がある。

124

①准看護師、②精神障害者看護助手、③歯科助手、④保育士（病児保育）、⑤ペディケア（足のケア）、⑥リハビリ助手、⑦救急救命士（以上保健医療部門）、⑧知的障害者福祉士、⑨ホームヘルパー、⑩児童のための日中保育士（以上、社会サービス部門）

このような社会・保健医療分野の基礎資格取得者は、社会背景の異なる様々な年齢の利用者の看護、保育、障害等のニーズに対して支援・指導することとなった。

第６節　｜　エスポー市職業教育学校（OMNIA）

（１）職業教育学校の概要

ここでは、ラヒホイタヤ養成の職業教育学校について述べることにする。

2017年9月の視察はフィンランド第二の都市エスポー市（人口24.4万人）にある職業教育学校（写真4-1）であった。レクチャー担当は、同校の国際コーディネーター（PhD.）のシルジェ・ハシネン（Sirje Hassinen）氏である。

彼女の説明によると、同校は成人職業教育機関で運営費のほとんどは教育文化省及び労働・経済産業省から拠出されている。教員は学生数約4,000名に対して約100名であり、受講者に対する割合は40名：1名となっている。教員は全て現場経験ありで5年に一度現場に戻って仕事に就くことが義務付けられている。同校では「職業基礎資格」取得コースと「職業上級資格」取得コースが設けられている。なお、学生約4,000名のうち半数が職業資格取得の

写真4-1　エスポー市職業教育学校の校舎

ためのコースを、15％程度がフィンランド語のコースを受講している。また男女の割合は男性3分の1に対して女性3分の2となっており女性が多数を占めている（2017年9月現在）。この背景にはフィンランドの女性の就業率の高さがある。特にラヒホイタヤの担い手は女性が大半を

写真4-2　職業訓練のための多目的体験実習室

占めていることからも女性受講者の割合が高いことが分かる。校舎の一方はガラス張りで採光を取り入れた天井の高い構造で廊下も広々としている。また、1階にある「多目的体験実習室」も広く実習のための諸機材・器具も充実し、明るく広々としている実習室となっている（写真4-2）。

（2）職業教育学校の教育基本方針

　ラヒホイタヤ（保育・介護共通資格）は職業基礎資格である（コースを修了すると自動的に資格が取得できる）。日本の介護福祉士が国家資格であるのに対して、ラヒホイタヤは国家資格ではなく、認定資格となっている。私たち視察団（2017）が介護職の団体であることも手伝ってレクチャーの大半が介護資格取得コース（社会サービス、健康、スポーツ分野）の説明に費やされた。

　エスポー市の職業教育学校の職業訓練基本方針は図表4-5の通り8項目となっている。

① Educational services for immigrant（移民に対する教育的サービス）

② Basic Education for Adult（成人の基本的教育）

③ Youth workshops（新しい作業訓練所）

④ Preparatory education for vocational training（職業訓練のための準備教育）

⑤ Vocational education and Training（職業教育と訓練）

⑥ General upper secondary education（基礎資格訓練教育、上級資格訓練教育）

⑦ Liberal Adult Education（豊富な成人教育）

⑧ Professional developmenttraining and further education（専門職とし
て相応しい訓練とそれ以上の教育）

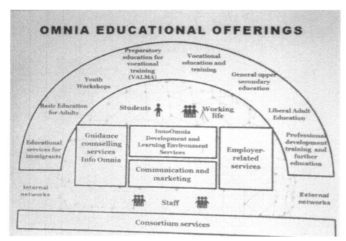

出典：OMNIA（Tee sita mista tykkaat）資料

図表4-5　エスポー市職業教育学校の教育基本方針

（3）ラヒホイタヤコースの概要

　ラヒホイタヤの受講者は1,200人で年齢は16 ～ 64歳となっている。年齢制
限はないのでこうした年齢の幅がある。受講の動機は、①他職種からの転職組、
或いは②子育てが終わり時間的に余裕のできた主婦、また③自宅に要介護者が
いる人、④経済的安定・社会的安定の理由から等である。卒業後の就職先は
100％確保されているため受講者が絶えないのが現状である。なお、ここ数年
受講生の中に難民・移民が増加しているのが目立った現象である（OMNIAの
全受講生の24％がフィンランド国籍以外）。

　ただし、難民の多くは義務教育を受けていないので、介護選択コースにおい
ても難民のための特別教育を実施している（特にフィンランド語コース、フィン
ランド文化コース等を実施している）。卒業単位は180単位で、卒業のための試験
は基本的にはない。ただし、授業において現場研修を徹底的に重んじており、

特に高齢者の在宅介護研修に重点が置かれている。

　また、カリキュラム作成においては学校関係者だけでなく、現場の意見も吸い上げた、現場研修（現場20に対して講義は2の割合となっている）を中心としたカリキュラムとなっている。そのため、現場指導が重要となっており、具体的には徒弟制度に近い研修となっている。なお、講義は様々な情報機器を用いた授業となっている。

　また、入学年齢が異なるので統一した教育プランではなく、各年齢或いは能力（介護現場経験の有無）に応じた学習プランを設定する。結果として最速で卒業（3年以上）できる個人の学習プランを教師は作成する必要がある。

（4）資格認定のための学習構造
1）必修科目
　必修科目には以下のような科目が設定されている。

① Support and guidance of growth（赤ちゃんが生まれてから成長までのサポートと計画）：（ア）人間の精神的・身体的成長、（イ）介護の歴史、（ウ）老人と子どものケア、（エ）全ての人生のケア、（オ）子どもの成長の歴史、（カ）国の補助金制度、等を学習する。

② Nursing and care（看護とケア）：（ア）医学知識、（イ）人体の構造、（ウ）病理、（エ）数学、（オ）薬学、（カ）血液、（キ）ケアとは何か、等を学習する。

③ Rehabilitation support（リハビリテーション・サポート、ただし、2018年度よりラヒホイタヤ全体のコースに組み込まれるため廃止）

2）専門科目
　専門科目には、10の選択科目があるが専門コースに応じて選択する。なお、取得単位は10単位となっている。その際、海外での研修も単位として認められている。また、起業家として独立した場合も単位として認められている（例えば、介護センター事業、子どもを対象としたケア事業等）。

3）選択科目

上級資格或いは専門家資格を得るための単位である。

4）事務系を対象とした単位

救急関係或いは事務系職員を目指すコースである。

第7節　ラヒホイタヤ養成の今後の課題

図表4-6はラヒホイタヤの課題を図式化したものである。

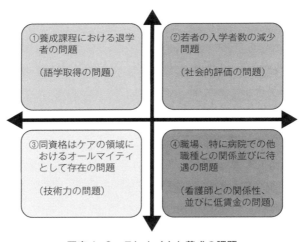

図表4-6　ラヒホイタヤ養成の課題

第一は、語学、特に移民のフィンランド語の習得である。デンマークの社会保健ヘルパー並びに社会保健アシスタント同様、移民の語学習得が問題となっている。このことが養成課程における退学者を生み出す原因となっている。

第二は若者の入学者の減少傾向問題である。これはラヒホイタヤの社会的評価の低さと低賃金・労働内容が原因となっている。

第三は同資格がケアのオールマイティとして位置付けられているが、就学年齢も広範囲で、カリキュラムの内容も脆弱なため技術力・評価において全て準専門職として位置付けられている。

　第四は職場、特に病院等での他の専門職との関係並びに待遇の問題が存在する。

　フィンランドは、デンマーク同様教育制度における複線化を採用し、学校選択を間違っても、再度、やり直しすることが可能な教育システムを採用している。その教育理念は自由・平等を基本としており、国際的評価（PISA）も評判で、国民の教育水準も高くなっている。なかでも義務教育修了後の職業教育を選択する生徒にとって専門的な技術を習得できる教育機関であり、職業人として自立する機関であるため、優れた教育内容であることが望まれる。そのため各専門教育機関は生徒の生涯学習を支援するという目的がある。フィンランドはデンマーク同様「資格社会」である。そのため、今後社会のニーズに対応した質の高い職業教育内容であることが望まれる。

引用・参考文献

カービー, デイヴィッド（2008）『フィンランドの歴史』百瀬宏・石野裕子監訳, 東眞理子・小林洋子・西川美樹訳, 明石書店.

笹谷春美（2013）『フィンランドの高齢者ケア：介護者支援・人材養成の理念とスキル』明石書店.

成清美治（2015）『海外の介護保障を学ぶ』学文社.

マキパー, ヘイッキ（2007）『平等社会フィンランドが育む未来型学力』末延弘子訳, 明石書店.

労働政策研究・研修機構（2016）「北欧の公共職業訓練制度と実態」『JILPT資料シリーズ』No.176.

付記

　第4章は成清美治（2018）「フィンランドの職業教育に関する一考察―福祉と保健における職業資格としてのラヒホイタヤ養成システムの現状と課題―」『神戸親和女子大学大学院研究紀要』第14巻, p.44-53 を加筆・訂正したものである。

第 5 章

日本の教育の改革

第1節 ┃ 新学習指導要領

　2017（平成29）年3月31日に文部科学事務次官「学校教育法施行規則の一部を改正する省令の制定並びに幼稚園教育要領の全部を改正する告示、小学校学習指導要領の全部を改正する告示及び中学校学習指導要領の全部を改正する告示等の公示について」（通知）が発表された。その中の小学校及び中学校の改正の概要は以下の通りである。

1) **言語能力の確実な育成**：情報を正確に理解し適切に表現する力を育成すると共に各教科等における言語活動を充実。

2) **理数教育の充実**：日常生活等から問題を見出す活動や見通しを持った観察・実験の充実並びに統計教育や自然災害に関する内容を充実する。

3) **伝統や文化に関する教育の充実**：わが国や郷土の音楽、和楽器、武道、和食、和服等の指導を充実する。

4) **体験活動の充実**：生命の有限性や自然の大切さ、挑戦や他者との協働の重要性を実感するため、体験活動等を充実する。

5) **外国語教育の充実**：小学校3,4年生で、年35時間の「外国語活動」と5,6学年で年70時間の「外国語科」等を導入。

6) **情報活用能力（プログラミング教育を含む）**：（ア）コンピューター等を活用した学習活動の充実（各教科等）、（イ）コンピューターでの文字入力等の習得、プログラミング的思考の育成（小：総則、各教科等（算数、理科、総合的な学習の時間など）をする。

　次に図表5-1を踏まえて、新学習指導要領（小学校）の特徴について明らかにする。

　第一は英語教育（「外国語活動」「外国語」）の導入である。英語教育の小学校

区分		第1学年	第2学年	第3学年	第4学年	第5学年	第6学年
各教科の授業時数	国語	306	315	245	245	175	175
	社会			70	90	100	105
	算数	136	175	175	175	175	175
	理科			90	105	105	105
	生活	102	105				
	音楽	68	70	60	60	50	50
	図画工作	68	70	60	60	50	50
	家庭					60	55
	体育	102	105	105	105	90	90
	外国語					70	70
道徳の授業時数		34	35	35	35	35	35
外国語活動の授業時数				35	35		
総合的な学習の時間の授業時数				70	70	70	70
特別活動の授業時数		34	35	35	35	35	35
総授業時数		850	910	980	1015	1015	1015

注1　この表の授業時数の1単位時間は、45分とする。
　2　特別活動の授業時数は、小学校学習指導要領で定める学級活動（学校給食に係るものを除く。）に充てるものとする。
出典：文部科学省

図表5-1　新学習指導要領（小学校）の特徴

からの導入について「是」か「非」かに関しては、過去に議論がなされてきたが、今回、諸外国の英語教育の動向を精査して導入に「舵」を切ったと思われる。英語は世界の共通語であると同時に経済・社会・文化のグローバル化のもとで、コミュニケーション・ツールとして必要不可欠な用語である。小学校における英語教育の開始は2008年度の小学校5、6年生を対象にした「外国語活動」である。続いて、2011年度に小学校5年生から必修となった。しかし、必修といっても教科書はなかったのであるが、今回の新学習指導要領で中学年（3〜4年生）は必修化、高学年（5〜6年生）は教科化となり、高学年は必修・教科書（テキスト）を用いて授業を展開することになる。また、高学年の授業担当は担任＋専任教員の予定となっている。

　ここで諸外国の小学校段階の英語教育の状況を見ると、まず、大韓民国は

1997年必修科目として導入し第3学年から授業開始、授業時間数に関しては3、4年生については週1単位時間、5、6年生は週2単位時間となっている。授業時間は1単位時間40分である。次に中華人民共和国は2001年から必修科目として導入し、第3学年から授業開始して授業回数は週4回以上となっている。授業時間数は各学年1回20分と40分の組み合わせとなっている。そして、台湾は2001年から開始し、第5学年から必修科目として導入、授業時間数は週2単位程度となっている。また、タイは1996年から必修科目として導入、授業は第1学年から開始、授業時間数は1〜3学年は週2コマで年間80時間、4〜6年は週2〜4コマで年間80〜160時間となっている。なお、1単位時間は40分である。

　一方、欧州に眼を転じるとフランスでは2002年から必修科目として導入された。

　当初は幼稚園年長組から開始されたが、2007年から小学校2学年から必修として導入された。授業時間数は週1〜2単位時間となっており、1単位時間60分である。ドイツ（バーデン・ヴュルテンベルク州の例）は2003年から必修科目として導入、授業開始は第1学年からとなっている（州によって異なる）。授業時間数は週2時間となっている（図表5-2）。

　このように諸外国では小学校段階で必修科目としてすでに英語が導入されている。

　それでは、オランダでの英語教育はどうであろうか。同国は非英語圏では最も高い英語力を誇っており、15歳以上の国民の90％以上がバイリンガルであると言われている。オランダの小学校での英語教育は、1986年から初等教育7年生と8年生（最上級生）で義務化となった。しかし、実際は低学年から英語の歌を歌ったり、テキストを使って簡単なスペルを学んだり、辞書を使用して単語の意味を調べたり、英語での表現を学んだりしている。指導方法に関しては、各学校の自由に委ねているため統一した方法は存在しない。ただし、オランダ政府が1993年に各教科単位で設定した「中核目標」（生徒が卒業までに習得

	大韓民国	中華人民共和国	台湾	タイ	フランス	ドイツ（バーデン・ヴュルテンベルク州）
導入	1997（必修）	2001（必修）	2001（必修）	1996（必修）	2002（必修）	2003（必修）
学年	第3学年～	第3学年～	第3学年～（台北市は第1学年～）	第1学年～	当初幼稚園、現在、第2学年～	第1学年～
授業時間	3、4年生週1単位5、6年生週2単位（1単位40分）	週4回以上ショートタイム（20分）ロングタイム（40分）	週2単位（1単位40分）	1～3年生（週2コマ）4～6年生（週2～4コマ）	週1～2単位（1単位60分）	週2単位（1単位45分）
担当	ネイティブスピーカーを招聘	ネイティブスピーカーはあまり活用されていない	ネイティブスピーカーはあまり活用されていない	ボランティアによるネイティブスピーカーの募集	外国語授業担当の契約職員の配置	特に第1学年において、ティームティーチングでネイティブスピーカーが教員を補助

出典：文部科学省

図表5-2　諸外国における小学校段階の英語教育の状況

すべき内容）があり、最低の指導基準は定められている。

　新学習指導要領の特徴の第二は教科としての特別教科道徳の充実である。この教科の目的として、「自分ごととして『考え、議論する』授業などを通じて道徳性を育む」とある。基本的に小学校で2018（平成30）年4月1日、中学校で2019（平成31）年4月1日から施行された内容と基本的に変更なしとされている。

　ただ、異なるのはこれまでの「道徳」を特別の教科（「道徳科」）としたことである。

　道徳科の特徴として、いじめ問題への対応の充実や発達の段階をより一層踏まえた体系的なものに見直すと共に問題解決的学習や体験的な学習等を取り入れ指導方法の工夫を行うとしている。また、道徳科における学習状況や道徳性に係る成長の様子を継続的に把握し、指導の改善を生かすこととしている。なお、評価の数値化はしないとなっている。

　第三は特別支援教育に関する改善事項であるが、その内容は、特別支援学級や進級による指導における個別指導計画の作成並びに障害のある幼児・児童生徒等について個別の指導計画を作成し、活用すること。また、各教科等の指導

に当たり、学習上の困難に応じた指導内容や指導方法の工夫を計画的且つ組織的に行うこととなっている。

　以上、小学校の新指導要領の改訂事項の要点について述べてきたが、今回の指導要領改訂の最大の特質はその方向性にある。図表5-3は学習指導要領改訂の方向性を示唆したものである。そのポイントは、①「何ができるようになるか」：社会に開かれた教育課程、②「何を学ぶか」：新しい時代に必要になる資質・能力を踏まえた教科・科目等の新設や目標・内容の見直し、③「どのように学ぶか」：主体的・対話的で深い学び（「アクティブ・ラーニング」）の視点からの学習過程の改善、となっている。この中で注目すべきは、オールタナティブ教育の一つであるアクティブ・ラーニングの導入である。この方法は既に一部の大学等の授業（ゼミナール等）で導入されている。

　アクティブ・ラーニングとは「学習者である生徒が受動的となってしまう授業を行うのではなく、能動的に学ぶことができるような授業を行う学習方法です。生徒が能動的に学ぶことによって『認知的、倫理的、社会的能力、教育、知識、経験を含めた汎用能力の育成を図る』内容である」と定義されている（2012年8月中央教育審議会答申）。今回の「新学習指導要領」におけるアクティブ・ラーニングの導入は、これまでの我が国の「画一的な内容を一斉授業で教える」（受け身型授業）の反省に基づいた導入である。現在、日本において、アクティブ・ラーニングを積極的に導入しているのは大学の授業（専門ゼミ等）であり、小学校での普及は少数である。ところで、アクティブ・ラーニングの教育法は以下のように分類されている。

1）先生が話したことをノートに取り、その記憶量（理解力）をテストやレポートで確かめる方法で、小学校や中学校で行われている授業である。
2）先生の話を基本にして子どもも授業に参加する形式で、子ども同士の議論、体験、そして発表することで言語能力を高める。
3）先生が学びの道筋（カリキュラム）をつけ、子どもたちが共同学習方式で探索や体験を行い、課題を解決する方法で次のような方法が取られている。（ア）

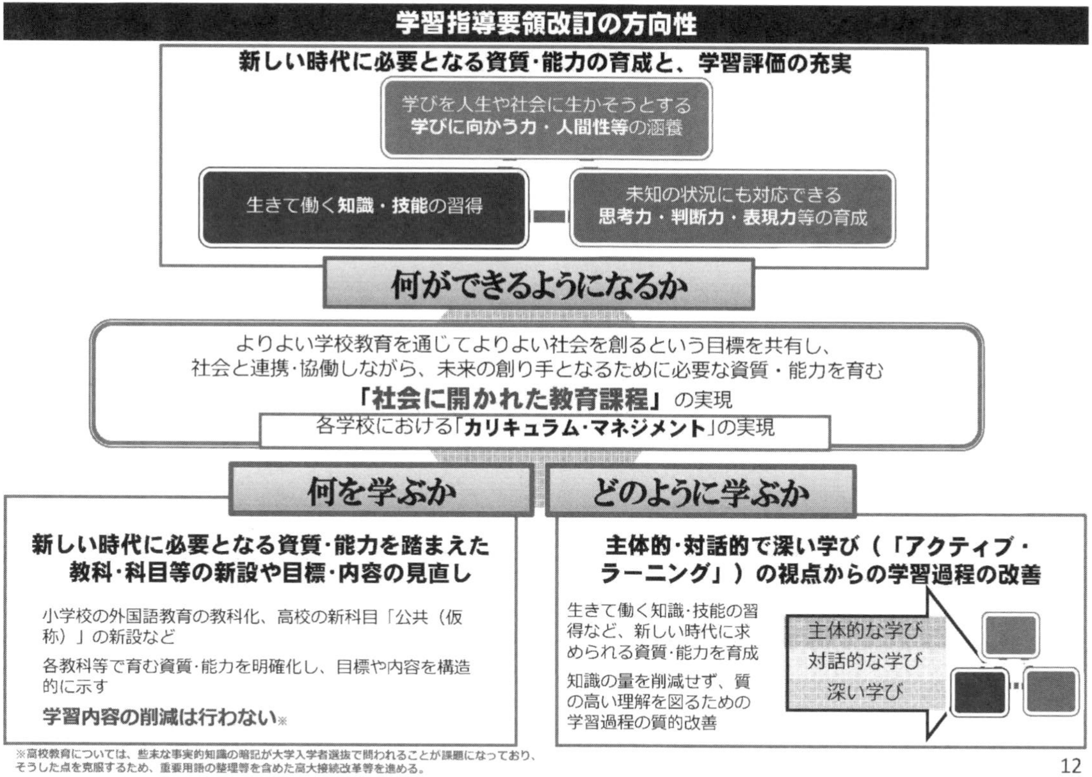

学習指導要領改訂の方向性

新しい時代に必要となる資質・能力の育成と、学習評価の充実

学びを人生や社会に生かそうとする
学びに向かう力・人間性等の涵養

生きて働く**知識・技能の習得**

未知の状況にも対応できる
思考力・判断力・表現力等の育成

何ができるようになるか

より良い学校教育を通じてより良い社会を創るという目標を共有し、
社会と連携・協働しながら、未来の創り手となるために必要な資質・能力を育む
「社会に開かれた教育課程」の実現

各学校における**カリキュラム・マネジメント**の実現

何を学ぶか

**新しい時代に必要となる資質・能力を踏まえた
教科・科目等の新設や目標・内容の見直し**

小学校の外国語教育の教科化、高校の新科目「公共（仮称）」の新設など

各教科等で育む資質・能力を明確化し、目標や内容を構造的に示す

学習内容の削減は行わない※

どのように学ぶか

主体的・対話的で深い学び（「アクティブ・ラーニング」）の視点からの学習過程の改善

生きて働く知識・技能の習得など、新しい時代に求められる資質・能力を育成
知識の量を削減せず、質の高い理解を図るための学習過程の質的改善

主体的な学び
対話的な学び
深い学び

※義務教育については、基本法改正事案外知識の報告が大学入学者選抜で用いられることが課題になっており、そうした点を克服するため、重要期間の学校種等を含めた改善を進める。

図表5-3　学習指導要領改訂の方向性

出典：文部科学省

137

共同学習型、（イ）体験学習型、（ウ）総合的な学習の時間型、（エ）プロジェクト型である。（辻井 2017: 10）

　なお、新学習指導要領において、アクティブ・ラーニングの視点として、以下の3点を挙げている（図表5-4）。

1) **主体的な学び**：学ぶことに興味や関心を持ち、自己のキャリア形成の方向性と関連付けながら、見通しを持って粘り強く取り組み、自らの学習活動を振り返って次につなげる「主体的な学び」が実現できているか。
2) **対話的な学び**：子供同士の協働、教職員や地域の人との対話、先哲の考え方を手掛かりに考えること等を通じ、自己の考えを広げ深める「対話的な学び」が実現できているか。
3) **深い学び**：習得・活用・探究という学びの過程の中で、各教科等の特質に応じた「見方・考え方」を働かせながら、知識を相互に形成したり、問題を見いだして解決策を考えたり、思いや考えを基に創造したりすることに向かう「深い学び」が実現できているか。

　このアクティブ・ラーニングが学習指導要領に導入することが提案されたきっかけは、当時の下村文部科学大臣が2014（平成26）年11月4日に中央教育審議会に対して「初等中等教育における教育課程の基準等の在り方について」（諮問）で「アクティブ・ラーニング」の充実を提案したことにあると言われている（リヒテルズ・苫野 2016: 115）。

　この提案の背景には、現代のグローバルな社会に生きる子どもたちに対する必要な能力の習得を目指したものである。

　オランダでは既述したように主なオールタナティブスクールで、モンテッソーリ教育、ダルトン教育、イエナプラン教育、シュタイナー教育、フレイネ教育等が行われており、各学校において個別教育を中心とした学習成果を挙げている。今回の教育改正で教育の目標として、「子どもたちが社会に出て、生き

「主体的・対話的で深い学び」の実現
（「アクティブ・ラーニング」の視点に立った授業改善（イメージ）

「主体的・対話的で深い学び」の視点に立った授業改善を行うことで、学校教育における質の高い学びを実現し、学習内容を深く理解し、資質・能力を身に付け、生涯にわたって能動的（アクティブ）に学び続けるようにすることが重要

生きて働く
知識・技能の
習得

未知の状況にも
対応できる
思考力・判断力・表現力
等の育成

学びを人生や社会に
生かそうとする
**学びに向かう力・
人間性等**の涵養

主体的な学び　対話的な学び　深い学び

【主体的な学び】
学ぶことに興味や関心を持ち、自己のキャリア形成の方向性と関連付けながら、見通しを持って粘り強く取り組み、自己の学習活動を振り返って次につなげる「主体的な学び」が実現できているか。
【例】
・学ぶことに興味や関心を持ち、毎時間、見通しを持って粘り強く取り組むとともに、自らの学習をまとめ振り返り、次の学習につなげる
・「キャリア・パスポート（仮称）」などを活用し、自らの学習状況やキャリア形成を見通したり、振り返ったりする

【対話的な学び】
子供同士の協働、教職員や地域の人との対話、先哲の考え方を手掛かりに考えること等を通じ、自己の考えを広げ深める「対話的な学び」が実現できているか。
【例】
・実社会で働く人々が協働して社会に見られる課題を解決している姿を調べたり、実社会の人々の話を聞いたりすること
・あらかじめ個人で考えたことを、意見交換したり、議論したりすることで新たな考え方に気付いたり、自分の考えをより妥当なものとしたりする
・子供同士の対話に加え、子供と教員、子供と地域の人、本を通しての作者などとの対話を図る

【深い学び】
習得・活用・探究という学びの過程の中で、各教科等の特質に応じた「見方・考え方」を働かせながら、知識を相互に関連付けてより深く理解したり、情報を精査して考えを形成したり、問題を見いだして解決策を考えたり、思いや考えを基に創造したりすることに向かう「深い学び」が実現できているか。
【例】
・事象の中から自ら問いを見いだし、課題の追究、課題の解決を行う探究の過程に取り組む
・精査した情報を基に自分の考えを形成したり、目的や場面、状況等に応じて自分の考えを伝え合ったり、考えを基に集団としての考えを形成したりしていく
・感性を働かせて、思いや考えを基に、豊かに意味や価値を創造していく

図表5-4　アクティブ・ラーニングの視点からの授業改善について（イメージ）

出典：文部科学省「新学習指導要領について」2019年3月

ていくための力を如何に身に付けさせるか」が問われているのである。

第2節 ┃ 学習指導要領改訂（小学校）の諸課題

（1）小学校の英語教育

　今回の新学習指導要領において英語が導入され、英語教育の早期化が開始されることになった。「外国語活動」並びに「外国語」の目標は共に「外国語によるコミュニケーションにおける見方・考え方を働かせ、外国語による聞くこと、話すことの言語活動を通して、コミュニケーションを図る素地となる資質・能力を育成することを目指す」となっており、「外国語活動」では、①聞くこと、②話すこと（やり取り）、③話すこと（発表）に、また「外国語」では、①聞くこと、②読むこと、③話すこと（やり取り）、④話すこと（発表）、⑤書くこと等に具体的目標が置かれている。

　ここで問題となるのは小学校担当教師がどの程度英語力を具備しているかである。特に最初に英語に触れる小学校低学年の児童にとって、大変重要な問題である。低学年にとって、はじめての「外国語活動」（活動内容：挨拶や名前の言い方、アルファベット大・小、絵本の内容理解、持ち物の名前等）の体験・印象が後々英語に対する興味を持続できるどうかに関わってくる。つまり「英語は愉しい」と思える授業の展開が必要になる。

　よって、外国語活動の教員の英語力が問われることになる。高学年になると授業は担任＋専科教員体制になるので、担任教師の精神的負担は軽減されると思われる。小学校教員の英語力の質問題は、大学での教員養成時の英語（読む・書く・聞く・話す・作文）に関するカリキュラムの充実、教員採用試験の難易度の向上、現任研修制度の充実等が考えられる。なお、2014年度から文部科学省「グローバル化に対応した英語教育改革実施計画」（2013年）に基づいて「外国語活動」「外国語」の授業担当者に対して研修が行われている。

　全国の全ての小学校での「外国語」の授業担当は少なくとも外国人（ネイテ

ィブ）の教師の導入が必要である。

（2）道徳の教科化

　今回の新学習指導要領において、小学校にて、道徳が「特別の教科道徳」として授業に組み入れられた（ただし、「学校教育施行規則」の第2節第2項により、私立小学校の教育課程にて宗教を加える場合、宗教をもって特別の教科である道徳に代えることができる）。今回の教育改革にてこれまでの「道徳の時間」から特別の教科として道徳が実施される背景には、小学校における頻繁化する「いじめ」問題対策があると言われている。

　「教育基本法」第1条［教育の目的］において「教育は、人格の完成を目指し、平和で民主的な国家及び社会の形成者として必要な資質を備えた心身ともに健康な国民の育成を期して行わなければならない」とある。この「人格の完成」の土台となるのが道徳教育であり、その目的は、個々の人格を育成することにある。また、新「小学校学習指導要領」第1章総則第1の（2）で「道徳教育や体験活動、多様な表現や鑑賞の活動等を通して、豊かな心や創造性の涵養を目指した教育の充実に努めること」とある。

　ところで「いじめ」とは「いじめ防止対策推進法」（2013年）によると、「児童生徒に対して、当該児童生徒が在籍する学校に在籍している等当該児童生徒と一定の人的関係にある他の児童生徒が行う心理的又は物理的な影響を与える行為（インターネットを通じて行われるものを含む）であって、当該行為の対象となった児童生徒が心身の苦痛を感じているもの」と定義されている。

　いじめ問題の背景として、「過度な競争主義教育」「偏差値教育」「知識偏重教育」「学歴偏重主義教育」等の存在（＝弊害）を指摘することができる。小学校でのいじめを認知した学校数は1万4,333校（総数の70.5%）で、前年度から8.4ポイント上昇している。このように近年小学校でのいじめの認知件数が増加しているのが問題を深刻化している（文部科学省「平成28年度児童生徒の問題行動・不登校等生徒指導上の諸問題に関する調査」）。

　この特別の教科としての道徳の導入によって「いじめ」の認知件数が減少す

ることが望まれる。

　いじめの防止は全ての学校の教職員が自らの問題として取り組むべき重要な問題であるが、この問題は学校内だけの問題だけでなく、家庭、地域社会において発生することが考えられる。そこで学校と他機関（例えば児童相談所、警察、自治体等）がより一層連携を緊密化して取り組む必要がある。今回の道徳の特別教科化によっていじめの認知件数が減少することを期待したい。

　東京千代田区立麹町中学校において、学校長の工藤勇一氏（現横浜創英中学・高等学校長）は2014年度から、学校は子どもたちが「社会の中でよりよく生きていけるようにする」ためにあるとの考えのもとで宿題、定期考査（ただし、単元テストあり）、固定担任制の廃止、運動会のクラス対抗の廃止、生徒自身の「手帳」によるスケジュール管理等を実施し、「学校は何のためにあるのか」のスローガンのもと画期的で新しい学校教育（「生徒自身が考える教育」）の実践を行った（工藤 2018: 6-62）。

　こうした事例は現行の学習指導要領のもとでも学校教育改革が可能であることを証明している。

　また、第3章の第6節で紹介したデンマークのキャプタインゴーン幼稚園では、「遊び」を通じて園児の人格形成を育成している。

　遊びは自由意思の中で選択されるもので幼稚園のペダゴー、職員等や友達から強制されるものではなく、自ら選択するものでそこには「自己決定」を尊重する姿勢が伺える。

　同園では、他の園児との遊具の奪い合い、喧嘩等の問題が日常的に発生する可能性がある。しかし、ペダゴーや職員はすぐに現場に直接介入することなく園児たちの問題の処理の様子を見ながら最終的に介入する。このことは園児たちの問題解決能力を確認しながら事態を把握することになる。

　こうした実践を行っている保育園が日本にも存在する。その保育園は群馬県足利市にある私立保育園「小俣幼児生活団」である。この園の基本方針は、①みんなと一緒に、②自分のことは自分で決める、③お昼寝は強要しない、④ルールは園児が決める、⑤園児に命令しない等となっている（大川 2019: 5-6）。

最後に同園の理念として、92歳の保育士大川繁子氏は「思いっきり遊ぶことこそ、子どもにとって最高の学びなのです。主体性、創造性、社会性、集中力、道徳心、好奇心、危険予知能力──欲張りみたいだけど、ぜーんぶ遊びで育っていきますから。たっぷり遊ぶことこそ将来の自立には欠かせない、というわけですね」（大川 2019: 133）。ここに園児の「自由」と「自立」の基本理念が生かされている。

第3節　新たな教育改革

(1) 小学校「教科担任制」

　2022（令和4）年度より、「高学年」から同制度が導入される。これは担任以外の教員が児童と関わることになり、教員と児童の新たな関わりが始まることを意味する。

　この制度導入の狙いは、①教材研究の深化等により、高度な学習を含め、教科指導の専門性を持った教師が多様な教材を活用してより熟練した指導を行うことが可能となり、授業の質が向上。児童の学習内容の理解度・定着度の向上と学びの高度化を図る、②教師の持ちゴマ数の軽減や授業準備の効率化により、学校の教育活動の充実や教師の負担軽減に資する、③複数教師（学級担任・専科教員）による多面的な児童理解を通じた児童の心の安定に資する、④小・中学校の連携による小学校から中学校への円滑な接続（中1ギャップの解消等を図る、などである）（「義務教育9年間を見通した指導体制の在り方に関する検討会議（第3回）」令和3年6月11日）。

　なお、対象となる教科は「外国語」「理科」「算数」「体育」等となっている。同制度の開始は2022年4月から高学年を対象に開始されるが、それに伴って、同年度に950人の教員の増員が見込まれている。

　教科担任制のメリットとして考えられることは、①児童にとって、自分に合う教師と出会うことができる、②担任以外の教師にも相談を持ち掛けることが

できる、③児童にとって教科担当者が異なるので授業ごとに新たな興味をもたらすことができる。

またデメリットとして、①クラス担任を担当しない教科担任の教師は、児童と関わる機会が減少するため児童の日常の細部に関わる情報が得にくい、②各教科の学習が高度化する一方、学習遅滞者に対する配慮が希薄化する可能性がある、③単に小学校高学年を中学校化するのではなく、きめ細かな学習内容並びに学習指導が必要である。

(2) 小学校35人学級

「公立義務教育諸学校の学級編制及び教職員定数の標準に関する法律の一部を改正する法律案」が2021年3月31日に成立した。同法律によって小学校における35人学級の実現が可能となった（令和7年度までに35人学級実現へ）。

同法律成立の背景には「GIGA」スクール構想（2019年、文部科学省）に伴うICT（Information and Communication Technology）教育すなわち情報通信教育の導入がある。

かつて、日本の小学校において40〜50人クラスが存在した。そのことを思えば35人クラスは教育実施面における進歩である。しかし、欧米・北欧諸国では20〜25人クラスが普通となっている。この法律の成立によって40年来の教育現場の要望が実現することになった。

35人学級実現のメリットは、①教師が児童の学校生活における変化・変容に目が届きやすくなる、②児童の学習の進捗状況を把握しやすくなる、③クラスの児童同士の仲間関係が構築しやすくなる、④モバイル端末の普及、AI（人工知能）の活用によって将来の社会変化（グローバル化、デジタル化）に児童が対応できるようにする。

これに対して課題は、①35人学級に対応する教室が必要である、②35人学級に対応するために必要な教員の確保が必要となる、③児童一人ひとりに対するICT環境の整備が必要となる等問題が山積しているが、教育環境の整備の面から或いは教育の質の向上の側面から具体的対策を講ずる必要がある。

第4節　現代的課題への対応

　今回の学習指導要領改訂における事項のなかで「これからの教育課程の理念」の＜社会に開かれた教育課程＞において、「社会や世界の状況を幅広く視野に入れ、よりよい学校教育を通じてよりよい社会を創るという目標を持ち、教育課程を介してその目標を社会と共有していくこと」、また、〈育成すべき資質・能力の三つの柱〉の一つとして、「どのように社会・世界と関わり、よりよい人生を送るか」という項目が設定してある。外国の文化・政治・経済等に関して子どもが学ぶことは現代的課題の一つである。しかし、どちらかというと今回の改訂において学習内容が日本国内に関する関心事項に集約され、経済・産業・交通手段・情報・文化等の「グローバル化」のもとで諸外国に関する課題が希少に思われる。元来日本人は「内部志向」と言われ、近年、海外に関する興味・関心が薄く、留学する若者が減少していると言われている。OECDの統計によると2004年の8万2,945人から2011年の5万7,501人へと大幅に減少している。この数字は少子化を考慮しても顕著である。その原因として「経済的理由」（賃金の低迷と授業料の高騰化）或いは「語学力の不足」（英語力）等が挙げられているが、原点は小学生時代からの国際教育関係科目の不整備にある。本来、日本は非資源国であって、海外の諸国との交易で成り立っている国である。その意味で小学校時代から海外に興味を持たせる授業展開が必要である。是非とも現代的諸課題として、「国際教育」（仮称）を導入するべきである。なお、これまでの日本の教育は知識偏重型・暗記中心型であった。しかし、これからは未来志向型の教育、すなわち知識を積み上げる量的拡大型でなく、自らが必要としているものを自由な発想のもとで生み出す個別性を尊重し、個性と国際性溢れる能力を備えた子どもたちの育成が問われている。その意味でも海外に目を向け「逞しく生きる子どもたち」を育てる教育が必要である。

グローバルに活躍した元国連難民高等弁務官の緒方貞子氏（故人）は海外で活躍する若い世代（リーダ）に留学を勧めたが、「日本の教育は均等に質が高い。そこに重きを置きすぎていて、リーダーシップの育成には不向きだ」（2019年10月30日朝日新聞大阪版）と日本の教育の限界を指摘している。

引用・参考文献

大川繁子（2019）『92歳の現役保育士が伝えたい親子で幸せになる子育て』実務教育出版.

工藤勇一（2018）『学校の「当たり前」をやめた。：生徒も教師も変わる！ 公立名門中学校長の改革』時事通信社.

辻井正（2017）『幸せの小国オランダの子どもが学ぶアクティブ・ラーニング プロジェクト法：自ら考える生きる力の基礎を身につける』オクターブ.

リヒテルズ直子・苫野一徳（2016）『公教育をイチから考えよう』日本評論社.

あとがき

　本書では、「福祉国家」であるオランダ、デンマーク、フィンランド三国の自由・平等＝自立・自己決定を主眼とした教育について、視察を通じて、社会福祉専門家の眼で論じた。今回、教育の専門外の私がこのテーマを取り上げた理由は、昨今の一部の教育現場或いは福祉現場における教員が教員をいじめたり、児童、利用者に対する暴力・体罰・虐待等の事件・事故が多発したりしている原因を追求するためである。

　これまで、北欧諸国の福祉国家を中心に幾度となく高齢者等のケアの現場を視察する機会に恵まれたが、特にデンマークにおける高齢者施設におけるケア場面で「意思」（人権）を尊重し、「対人関係」（対等関係）を中心とした利用者主体のケアを目にしたが、我が国のケアが質・量ともに不十分であることを再認識した（デンマークの高齢者サービスは、①継続性、②自立・自己決定・残存機能の活用の原則のもとで実施されている）。特に直接利用者に接するときの処遇方法を再検討する必要性を感じた。デンマークの対高齢者ケアと日本の対高齢者ケアの質的格差問題を考察した場合、一考を要するのは我が国のケアワーカーの養成課程における人権教育の脆弱性である。

　すなわち、人として誰にも侵されない人権（自由・平等）に関する養成教育のプロセスの問題である。この自由（自己決定）・平等（他者に対してものをいう）に関する理解は、少なくとも幼児の成長発達段階において具備するのが最も望ましい。

　この人権教育は学校教育の場で他者と交わる中で培われるものであるが、学校教育において「人権」意識を子どもたちが理解するためには、学校教育の改善が必要になるであろう。日本の教育は、明治以降、一方向の「教える教育」（一方的教授）が行われてきたが、今後は教師と子どもとの双方向のもとでの「学ぶ教育」（対話方式）へ、或いは「受動的教育」から「能動的教育」への転

換が必要であろう。さもなければ、子どもたちが自ら「自立」と「自己決定」を構築することは困難となるであろう。

　現在、教育問題として大別すると、①学校教育制度、②教員の長時間勤務問題、③教員の不足問題、④教員の質の確保問題である。

　まず、第一の問題であるが、文部科学省の発表によると、2022年度から小学校6年を対象に「教科担任制」が導入されることになった。科目は「英語」「算数」「理科」「体育」等となっている。この教科担任制は以前から専科教員として音楽、図画工作等で実施されてきた。この教科担任制の導入によって、教員にとって、労働の軽減に繋がると期待されていると同時に児童にとって教科担当者が代わることにより、授業に対する新鮮味が増すことが期待されている。また、小学校35人学級制の導入が発表された。これは2021年度から5年かけて1クラスの人数を35人以下にするものである。これによって学級担任がクラスメンバーに対して、より行き届いた視点と注意を向けることが期待されている。

　次に第二の問題であるが、教員の長時間勤務である。現在日本の教員の勤務時間はOECDの国際教員調査「TALIS 2018」によると先進国のなかで最も長く過半数が週60時間以上勤務していることが分かった。すなわち、教員の過重労働は世界一となっている。このため授業時間に要する時間も短くなっている。この長時間勤務の原因として、教員は授業の他、生徒指導、学級運営、進路指導（児童指導）、部活動の顧問等の業務があり、日々業務に追われている。これに対して本書で紹介した国々の教員の業務は基本的に授業主体であり、事務的雑用は一切行わず自らの授業が終了すれば帰宅することができる。

　長時間勤務を解消するためには、教員が授業のみに専念できる勤務体制を構築することが急務である。

　第三の問題であるが、近年、文部科学省の「教員不足調査」によって教員の不足問題が明らかになった。具体的には「小学校で学級担任が474人不足し、校長や教頭が代役を務めた。中学校では16校で教科担任が不在で、授業が一時実施されなかった」（「朝日新聞」2022年2月4日）。この背景には教員の長時

間労働問題が介在している。

　第四の教員の質の問題は、今後日本が長期にわたって経済・社会或いは多様な文化国家を構築・維持していくためには最も重要な課題である。日本の教育は質・量ともに重大な局面にあるが、本書の第3章の第7節で紹介したフィンランドのように小学校教員の共通資格として教育学修士を取得することである。その結果フィンランドでは教員になるにはかなり難しく、そのため社会的評価は高く、医師・弁護士と同格となっている。今後、日本も情報教育等の導入により、教育の内容が高度になることが予想されると同時に人権教育の周知徹底がより必要となる。そのためには教員の知的水準の向上が望まれる。このことは結果的に知識を偏重しない、知力に優れたバランスの取れた子どもたちを育成することに繋がるのである。

　最後に本書の出版に際し、企画・編集等においてご支援頂いた明石書店・編集部長の安田伸氏に心より感謝申し上げたい。

令和4年7月吉日

　　　　　　　　　　　　　　　　　　　　　　　　　　成清美治

◎著者プロフィール

成清 美治（なりきよ・よしはる）
兵庫県生まれ。
日本福祉大学社会福祉学部卒、名古屋第2赤十字病院MSW。
龍谷大学大学院文学研究科修士課程社会福祉学専攻修了。
四條畷学園女子短期大学、神戸女子大学、神戸市看護大学、福井県立大学大学院、神戸親和
女子大学を経て、現在、神戸親和女子大学客員教授・博士（社会福祉学）。
［主著］
単著：『社会福祉を考える』杉山書店、『ケアワークを考える』八千代出版、『ケアワーク
論』学文社、『新・ケアワーク論』学文社、『ケアワーク入門』学文社、『私たちの社会福
祉』学文社、『デンマークに学ぶ介護専門職の養成』学文社、『海外の介護保障を学ぶ』（ブ
ックレット）学文社
共編著・共著：『介護予防実践論』（共編著）中央法規出版、『現代社会福祉用語の基礎知識
(第13版)』（編集代表）学文社、『看護・介護・福祉の百科事典』（共編著）朝倉書居、『私た
ちの社会福祉法』（共著）法律文化社、『医療介護とはなにか』（共著）金原出版、『長寿社会
を拓く』（共著）ミネルヴァ書房、『介護福祉入門』（共著）有斐閣、『ソーシャルワークの固
有性を問う』（共著）晃洋出版、『ニュージーランド入門』（共著）慶應義塾大学出版会、他。

欧州福祉国家の自由・平等教育
——オランダ、デンマーク、フィンランドの歴史と実践に学ぶ

2022 年 7 月 28 日　初版第 1 刷発行

著　者	成清　美治
発行者	大江　道雅
発行所	株式会社　明石書店

〒 101-0021
東京都千代田区外神田 6-9-5
TEL 03-5818-1171
FAX 03-5818-1174
https://www.akashi.co.jp/
振替 00100-7-24505

装丁：金子　裕
組版：朝日メディアインターナショナル株式会社
印刷・製本：モリモト印刷株式会社

北欧の教育最前線

市民社会をつくる子育てと学び

北欧教育研究会 編著

■四六判/並製/248頁 ◎2200円

北欧は教育の先進地域として注目を浴びてきた。本書では北欧における幼児から大学教育の「今」だけでなく、その歴史や文化も深く掘りし、日本と共通の課題も取り上げている。最前線にいる執筆者陣だから書けた、生活者と研究者目線からみた立体的な一冊。

●内容構成●

日本に伝わる北欧教育の軌跡 #TracesOfNorth

第1章 北欧の教育最前線
キャッシュレス時代の算数/スウェーデンおむつ論争/みんなのアントレ教育/ICTで休校問題は解決するか?/人を貸し出す図書館 ほか

第2章 伝統と革新
敬称改革──先生に「やあ、モニカ!」/スウェーデンにはなぜ「待機児童」がいないのか/余暇活動の専門家/インクルーシブな集団をつくる「ソスペッド」ほか

第3章 日常の風景
増える学校の特別食/最優秀学校給食を目指せ!/「オスロ朝食」からランチパックへ/無理しない行事の工夫/極夜の国の登下校/ペットのいる教室 ほか

第4章 課題と挑戦
スウェーデンの英語教育/思考力を育み評価する高校の試験/高校中退のセーフティーネット/チームで支えるヘルスケア/「0年生」から始まる義務教育 ほか

第5章 光と影
スーパーティーチャーの光/インターネットで学校が買える/エデュ・ツーリズムと視察公害/おしゃれ家具の裏事情/「競争のない教育」の別の顔 ほか